中央党校国家高端智库
资助出版

中央党校思想库丛书
研究经典系列

《德意志意识形态》导读

DEYIZHI YISHI XINGTAI DAODU

王　巍◎著

中共中央党校出版社

图书在版编目（CIP）数据

《德意志意识形态》导读/王巍著．--北京：中共中央党校出版社，2018.1（2025.10 重印）

（中央党校思想库丛书．研读经典系列）

ISBN 978-7-5035-6285-3

Ⅰ．①德…　Ⅱ．①王…　Ⅲ．①《德意志意识形态》-马恩著作研究　Ⅳ．①A811.21

中国版本图书馆 CIP 数据核字（2017）第 327448 号

《德意志意识形态》导读

责任编辑　李瑞琪　任　典
版式设计　苏彩红
责任印制　陈梦楠
责任校对　王　微
出版发行　中共中央党校出版社
地　　址　北京市海淀区长春桥路 6 号
电　　话　（010）68922815（总编室）　（010）68929899（发行部）
传　　真　（010）68922814
经　　销　全国新华书店
印　　刷　北京盛通印刷股份有限公司
开　　本　700 毫米×1000 毫米　1/16
字　　数　85 千字
印　　张　8.5
版　　次　2018 年 1 月第 1 版　2025 年 10 月第 6 次印刷
定　　价　24.00 元

微 信 ID：中共中央党校出版社　**邮　　箱**：zydxcbs2018@163.com

中央党校思想库丛书·研读经典系列

总　序

通过不断学习马克思主义理论，特别是学习马克思主义经典原著，逐步认识到马克思主义的科学性、共产主义事业的崇高性、以人民为中心的价值性，做到“不忘初心、牢记使命”，是党员干部加强理论修养和党性修养的必由之路。领导干部要想弄清楚什么是马克思主义，要想真正做到不忘初心，就要聚精会神攻读原著，原汁原味体会原著。恩格斯谈到学习《资本论》时曾说：“对于那些希望真正理解它的人来说，最重要的却正好是原著本身。”“研究原著本身，不会让一些简述读物和别的第二手资料引入歧途。”读原著必须静心、专心，毛泽东同志曾深有体会地说，学习马列主义不能像看小说那样，一目十行，走马观花，而要一句句、一段段地认真思考，用心领会，要经常读、重点读，特别是马克思主义经典著作，要反复读。他自己读《共产党宣言》不下一百遍，感到每阅读一次，都有新的启发、新的收获。

习近平同志非常重视领导干部对马克思主义经典著作的学习与运用。把学习和研读马克思主义经典著作看作是深入理解、掌握马克思主义基本原理的前提条件和重要途径，是习近平同志的一贯主张。他郑重指出，时代在变化，社会在发展，但马克思主义基本原理依然是科学真理。尽管我们所处的时代同马克思所处的时代相比发生了巨大而深刻的变化，但从世界社会主义500年的大视野来看，我们依然处在马克思主义所指明的历史时代。因此，他多次强调，要“精读马克思主义经典的代表性著作，追本溯源，把握马克思主义基本原理”。

认真学习马克思主义理论，是我们做好一切工作的必备条件，也是领导干部必须掌握的工作制胜的看家本领。我们要立足时代特点，推进马克思主义时代化，更好地运用马克思主义的立场、观点、方法观察时代、解读时代、引领时代，真正搞懂面临的时代课题，深刻把握世界历史的脉络和走向，就必须从经典理论出发，立足我国实际，聆听人民心声，回应现实需要，深入总结实践，实现马克思主义基本原理同当代中国具体实际相结合，不断提高全党运用马克思主义分析和解决实际问题的能力，不断提高全党特别是领导干部的理论思维能力和思想政治水平，把科学思想理论转化为认识世界、改造世界的强大物质力量，坚持和发展新时代中国特色社会主义，为发展马克思主义作出中国的原创性贡献。

为了帮助党员干部更好地学习马克思主义经典原著，中央党校科研部资助出版了这套“中央党校思想库丛书·研读经典系列”。参与撰写的主要是中央党校的青年教师。这些教师多年来既坚持不懈地从事马克思主义经典著作研究，也承担着马克思主义经典著作的教学工作，专业理论水平较高，教学科研发展潜力很大。资助出版这套丛书，既有助于发挥中央党校国家高端智库特色和优势，有助于中央党校青年学者的成长、成才，同时也贯彻和体现了中央党校校委倡导的“用学术讲政治”原则。

中央党校科研部

2017年12月

中央党校思想库丛书·研读经典系列

总前言

认真研读经典　掌握看家本领

马克思主义是中国共产党的指导思想，马克思主义经典著作中所阐发的基本原理始终是指导中国革命、建设和改革的强大思想武器，始终是中国共产党人的宝贵精神财富。我们党的几代领导人都高度重视与反复强调学习经典著作。毛泽东同志不仅本人是学习马克思主义经典著作的典范，而且一贯大力倡导与推动党内马克思主义经典著作的学习，亲自选定领导干部的经典必读书目。邓小平同志在南方谈话中强调："学马列要精，要管用的。"江泽民同志在1996年全国宣传部长会议上指出："希望党的高级干部多读读《马克思恩格斯选集》、《列宁选集》、《毛泽东选集》和《邓小平文选》等马克思主义著作，熟悉和掌握马克思主义基本原理，善于运用马克思主义的立场、观点、方法分析实际情况、指导工作。"胡锦涛同志同样很重视领导干部对马克思主义经典著作的学习，多次要求各级领导干部必须认真研读邓小平同志著作、江泽民同志著作，同时要有计划地选读马列著作和毛泽东同志的著作。习近平同志也是一直重视领导干部对马克思主义经典著作的学习与运用。他在中央党校2011年春季学期第二批进修班开学典礼上讲话的主题，就是“领导干部要重视学习马克思主义经典著作”。在讲话中，他指出：马克思主义经典著作蕴含和集中体现着马克思主义基本原理，是马克思主义理论的本源和基础。只有认真学习马克思主义经典著作，系统掌握马克思主义基本原理，才能完整准确地理解中国特色社会主义理论体系，才能创造性地运用马克思主义立场观点方法去分析和解决我们面临的实际问题，不断把中国特色社会主义事业推向前进。马克思主义经典著作包含着经典作家所汲取的人类探索真理的丰富思想成果，体现着经典作家攀登科学理论高峰的不懈追求和艰辛历程。阅读经典著作，本身就是增长知识、开阔眼界、增加思想深度和训练思维方式的过程，就是培养高瞻远瞩的战略洞察力和脚踏实地的工作作风的过程，这必然会使我们在潜移默化中受到他们崇高风范和人格力量的熏陶，从而实现自己思想境界和道德情操的升华。在中央党校建校80周年庆祝大会暨2013年春季学期开学典礼的重要讲话中，习近平总书记进一步强调：认真学习马克思主义理论，这是我们做好一切工作的看家本领，也是领导干部必须普遍掌握的工作制胜的看家本领。

中央党校是我们党学习、研究、宣传马克思主义的重要阵地，具有马克思主义经典著作学习研究的光荣传统和深厚积淀。为了帮助党员干部和其他各领域的学习者、研究者更好理解、掌握马克思主义经典著作中蕴含的基本观点、基本原理与基本方法，由我牵头，组织中央党校的部分教师撰写、出版了这套“研读经典系列”。这些教师全部具有博士学位，大多是教授和副教授，在校读书期间一直从事马克思主义经典著作的研究，在中央党校工作期间大都也一直从事马克思主义经典著作的教学，具有较高的专业素养和理论水平。这套“研读经典系列”共有16本，具体包括：李海青所著《〈共产党宣言〉导读》、王虎学所著《〈1844年经济学哲学手稿〉导读》、赵培所著《列宁晚年著作导读》、焦佩锋所著《〈《政治经济学批判》序言〉导读》、崔丽华所著《〈实践论〉〈矛盾论〉导读》、王巍所著《〈德意志意识形态〉导读》、唐爱军所著《〈黑格尔法哲学批判〉导读》、韩晓青所著《〈新民主主义论〉导读》、邓莉所著《恩格斯晚年关于历史唯物主义的书信导读》、孙海洋所著《〈路德维希·费尔巴哈和德国古典哲学的终结〉导读》、袁辉所著《〈资本论〉导读》、徐浩然所著《关于中国革命的四篇经典文献导读》、李双套所著《〈哥达纲领批判〉导读》、郑寰和潘丹所著《〈路易·波拿巴的雾月十八日〉导读》、王乐所著《〈反杜林论〉导读》、王巍所著《〈社会主义从空想到科学的发展〉导读》。这套“研读经典系列”的出版也得到了中央党校科研部的大力支持，被列入了“中央党校思想库丛书”，在此谨致谢意。

马克思主义经典著作博大精深，由于各位作者研究水平所限，这套“研读经典系列”肯定存在这样那样的问题与不足，敬请各位读者批评指正！

李海青

2017年12月

目　录

CONTENTS

引　言

在马克思主义思想发展史上，作为历史唯物主义形成重要标志的《德意志意识形态》无疑是一部里程碑式的重要著作。它通过批判当时以费尔巴哈、鲍威尔、施蒂纳等为代表的、以唯心史观为特征的“德意志意识形态”，第一次系统阐述唯物主义历史观的基本原理，进一步论证和发展了无产阶级的科学世界观，奠定了科学社会主义的理论基础。当代马克思主义理论界的许多争论都发端于或围绕着这一理论源头。

马克思一生的哲学探索是与其哲学主题紧密联系在一起的。马克思主义哲学的主题就是实现人类解放和人的自由全面发展。在资本主义条件下，资本统治下的人处在全面异化的状态，因而要实现人类解放和人的自由全面发展，就必须找到实现这一主题的现实路径。

与西方其他哲学家不同，马克思从来无意于建立一种抽象的“体系哲学”，而重在寻求人类解放和自由全面发展的道路。因此，马克思特别关注的是人类命运和人的自由、发展问题。在青年时代，马克思就树立了要为全人类的幸福而奋斗的理想。之所以确立这样的理想并研究人类解放和人的自由全面发展问题，并不仅仅出于学术上的兴趣，也不仅仅出于对某种罪恶制度或丑恶社会现象的道义批评，更为重要的是，马克思深刻地洞察到：人类的命运和与之所在的社会制度直接相关，因而必须唤起人类的自由和解放意识，建立自由自主的社会制度。他一生为之奋斗的就是通过对资本主义的批判，把人从受屈辱、遭唾弃、被奴役的状态中解放出来，实现人类解放和人的自由全面发展。

对现实社会中存在的具体问题的关注，使马克思不但在批判对象上逐渐转向现实的私有制社会，而且也使他的批判方法逐步摆脱人本主义思路，开始转向历史唯物主义。在《神圣家族》中，马克思批判了青年黑格尔派思想家布鲁诺·鲍威尔的思辨唯心主义，开始从物质生产过程的内部去寻找历史的动力以及批判资本主义的基础。从 1845 年春天开始，在《关于费尔巴哈的提纲》和《德意志意识形态》中，马克思形成了唯物主义历史观的基本原理。实践的、历史的观点成为马克思用以观照其哲学主题的科学方法论前提。有了这一科学方法论指导，马克思在探索人类解放和人的自由全面发展的路途中迈出了至为关键的一步。

综观马克思主义哲学的创立和发展过程，可以发现，从中学时代开始，马克思所关注的问题就一直是人类的命运以及通过批判现实资本主义社会的内在矛盾实现人类解放和人的自由全面发展的问题。马克思主义就是从这样的理论视域中生发出来的。因此，马克思不是在研究哲学的过程中发展哲学的，而是在研究现实问题的过程中排除旧哲学的影响，并推动新哲学的诞生和发展的。马克思不是职业的“哲学家”，而是职业的革命家，他的哲学必须要能够为现实的人类解放道路服务。这一思路和角色使得他能够跳出单纯的哲学史内部各种范畴之间的演绎变化，转而在对经济学等现实问题的研究中展开自己的理论逻辑，从现实社会生活的内部重新给哲学提供了一种新的生成机制。马克思主义哲学的这一主题也充分彰显了他所创立的新哲学不同于一切旧哲学的特质："哲学家们只是用不同的方式**解释**世界，问题在于**改变**世界。"①

① 《马克思恩格斯选集》第1卷，人民出版社1995年版，第57页。

第一章

《德意志意识形态》的思想前史和篇章结构

一、《德意志意识形态》的写作背景

马克思不是一个天生的马克思主义者，他的思想是逐渐地成熟起来并最终创立了马克思主义。通过对马克思本人哲学思想发展历程的回顾，可以发现，在他哲学思想发展中有过两次重大的转变：从 1837 年加入青年黑格尔派哲学阵营一直到 1843 年夏天，青年马克思的哲学思想主要受到经过青年黑格尔派改装过的黑格尔哲学的影响，这主要反映在他的《博士论文》以及《莱茵报》时期的一系列文章之中，其主题便是“自我意识”概念的运用。同时，面对现实问题，青年马克思通过以法国大革命为重心的历史学研究，并在魏特林、赫斯和青年恩格斯的影响下，发生了第一次重大思想转变，即从唯心主义转向费尔巴哈式的人本学唯物主义，从民主主义转向一般共产主义。这一转变体现在《克罗茨纳赫笔记》《德法年鉴》时期的文章、《巴黎笔记》以及著名的《1844 年经济学哲学手稿》《神圣家族》等著作中。第一次转变实质上是方法论的革命，是接受费尔巴哈的人本主义的方法批判黑格尔唯心主义，但马克思不是仅仅停留在费尔巴哈的宗教异化理论上，而是将其推广应用于政治国家和市民社会，提出了异化劳动的理论。

而第二次转变则是更关键的一步，从《评李斯特》开始，通过《关于费尔巴哈的提纲》，在《德意志意识形态》《致安年柯夫的信》和《哲学的贫困》中臻于成熟，这便是历史唯物主义的创立。这第二次转变也是一次方法论的革命，是把黑格尔唯心主义和费尔巴哈人本主义的方法论结合起来进行唯物主义的改造。这一改造的成果就是物质生产实践，正是从这一实践出发，马克思获得了理解全部人类历史的钥匙。

马克思历史唯物主义的形成明显异质于黑格尔那种以绝对观念为核心的带有强烈思辨形而上学性的体系哲学。在《关于费尔巴哈的提纲》中，马克思宣布了自己所创立的新哲学所具有的方法论特质："哲学家们只是用不同的方式**解释**世界，问题在于**改变**世界。"马克思无意建构任何仿佛能够终极解释世界的体系哲学，而是紧紧联系无产阶级的根本利益，全身心地关注无产阶级在现存社会秩序中的真实处境和历史命运，把改变资本主义这一旧世界作为自己的基本理论任务，为无产阶级认识和改造现存世界提供科学的、革命的世界观和方法论，这就是作为世界观和方法论的历史唯物主义。

作为学界公认的唯物史观形成的标志性著作，《德意志意识形态》在马克思主义哲学史上无疑具有极为重要的地位，但它在马克思、恩格斯生前却由于各种原因（主要是党内的不同意见）未能公开发表，仅第二卷第四章曾发表在《威斯特伐利亚汽船》杂志 1847 年 8—9 月号上；第一卷第二章的部分内容曾发表在《社会明镜》杂志第 7 期（1846 年 1 月）上；第二卷第五章的部分内容曾发表在《社会明镜》杂志第 5 期上。

关于撰写《德意志意识形态》的动因以及著作在当时未能出版的缘故，在 1859 年发表的《〈政治经济学批判〉序言》中马克思自己作过这样的概括："当 1845 年春他（指恩格斯）也住在布鲁塞尔时，我们决定共同阐明我们的见解与德国哲学的意识形态的见解的对立，实际上是把我们从前的哲学信仰清算一下。这个心愿是以批判黑格尔以后的哲学的形式来实现的。两厚册八开本的原稿早已送到威斯特伐利亚的出版所，后来我们才接到通知说，由于情况改变，不能付印。既然我们已经达到了我们的主要目的——自己弄清问题，我们就情愿让原稿留给老鼠的牙齿去批判了。"① 在书中，马克思和恩格斯系统地阐述并论证了他们所创立的新世界观和社会历史观。

马克思、恩格斯之所以撰写这部手稿，直接动机是回击《维干德季刊》第 3 卷上鲍威尔、施蒂纳等人的文章。在青年黑格尔派的杂志《维干德季刊》第 3 卷上，鲍威尔发表了《路德维希·费尔巴哈的特性描写》一文。这篇论文不仅批判了费尔巴哈、施蒂纳、赫斯，还顺便捎带着批判了马克思和恩格斯的合著《神圣家族》。施蒂纳在《唯一者及其所有》这本畅销书中也批判了马克思发表在《德法年鉴》上的两篇论文——《论犹太人问题》和《〈黑格尔法哲学批判〉导言》。鲍威尔和施蒂纳的批判有一个共同特点，就是轻视马克思和恩格斯，把马克思和恩格斯看成是费尔巴哈哲学的一个流派，看成是费尔

① 《马克思恩格斯选集》第 2 卷，人民出版社 1995 年版，第 33—34 页。

巴哈的追随者。马克思、恩格斯认为有必要对费尔巴哈进行批判性分析，以回应鲍威尔和施蒂纳的批判，并进一步清算德国思想界以青年黑格尔派思想家为代表的思辨唯心主义和“真正的”社会主义，阐明自己的思想与黑格尔左派，特别是与费尔巴哈的根本区别，因而马克思和恩格斯写下了这部未完成的大作。《德意志意识形态》的主要写作时间是 1845 年 11 月至 1846 年 8 月。

恩格斯逝世以后，手稿由德国社会民主党的领导人保管，未及时发表。直到 1924 年，经苏联文献专家梁赞诺夫整理，它才以俄文首次发表了第一章，编入《马克思恩格斯文库》。1932 年，由苏共中央马列主义研究院维·拉多茨基主持编辑，用德文发表了全文，载入旧国际版《马克思恩格斯全集》第一部分第 5 卷。1955 年苏共中央马列研究院根据苏共中央决定编译《马克思恩格斯全集》俄文第 2 版时，《德意志意识形态》被收入第 3 卷。由于旧版本是按编者意图重新编排的，因而不同程度地存在着与原文原意不符的错误，1965 年苏联《哲学问题》重新发表了文献专家巴加图利亚按原稿写作过程整理编排的《德意志意识形态》第一章，并在 1966 年出版了该章的单行本。此后，又有日本学者广松涉关于该章的新编版问世（1974 年），以及正在编撰的《马克思恩格斯全集》历史考证版第二版（$MEGA^2$）。

二、《德意志意识形态》的篇章结构

《德意志意识形态》分为两卷，第一卷批判了费尔巴哈、鲍威尔以及施蒂纳的唯心主义历史观；第二卷则批判了当时在德国流行的“真正的社会主义”观点。

第一卷的第一章《费尔巴哈》由 4 个手稿构成。手稿 1 主要论述了分工与所有制在历史发展的不同阶段上的相互对应关系，并阐明了从事实际活动的现实的个人是自己的观念和思想的生产者的观点。手稿 2 着重对费尔巴哈的感性直观的唯物主义观点进行了批判，并强调了实践的唯物主义者其实就是使现存世界革命化的共产主义者。手稿 3 着重阐述了支配着物质生产资料的阶级同时也是支配着精神生产资料的阶级的观点。手稿 4 着重对一切历史冲突都根源于生产力与交往形式之间的矛盾的观点进行了阐发与说明。

尽管《费尔巴哈》是一个未完成的手稿，写于第一卷成书过程中的不同时间。但是就理论内容来说，该章具有独立的价值，在《德意志意识形态》一书中占有十分重要的地位。马克思和恩格斯在这里第一次系统地阐述了唯物主义历史观的基本原理，并根据自己新的历史观对共产主义作了科学的论证。这一章在手稿上，原来的标题只是“一、费尔巴哈”。在手稿第一章的结尾有恩格斯的笔迹：“一、费尔巴哈。唯物主义观点和唯心主义观点的对立”。显然，这是恩格斯在马克思逝世后于 1883 年整理马克思遗稿时对原有标题的具体说明。

第一卷的第二章《圣布鲁诺》的主要内容是马克思和恩格斯集中批判青年黑格尔派思想家布鲁诺·鲍威尔。布鲁诺·鲍威尔是青年黑格尔派的重要代表人物，也是青年马克思哲学思想的启蒙者之一。马克思和恩格斯在之前合著的《神圣家族》中，已经对他进行了批判。

第一卷第三章是《圣麦克斯》，在该章中，马克思和恩格斯批判了麦克斯·施蒂纳。施蒂纳是德国19世纪中叶哲学家和社会思想家，著名的青年黑格尔派代表人物、无政府主义的鼓吹者，主要作品有《唯一者及其所有物》（1844年）、《反动的历史》（1852年）等。施蒂纳的哲学立场在本质上是一种主观唯心主义的唯我论。在这一哲学基础上，施蒂纳大肆宣扬一种以所谓“唯一者”（“自我”）为唯一出发点的极端利己主义价值观，因而，在论及个人权利时，他同样难免走向极端个人主义、自我中心论等错误结论。这一章占了《德意志意识形态》全书的近7/10的篇幅。

第二卷《对各式各样先知所代表的德国社会主义的批判》的内容是对“真正的社会主义”思潮的批判。马克思和恩格斯在其中揭示了“真正的”社会主义的理论来源、性质和产生的必然性。“真正的社会主义”是19世纪40年代流行于德国的小资产阶级的社会主义，是小资产阶级的反动思潮和思想体系，是空想社会主义在德国的一种特殊形式，它在当时激进的知识分子中广泛散布和流行，而且对德国工人运动产生着越来越大的影响。

1844年9月，莫则斯·赫斯（1812—1875年）、格律恩（1817—1887年）等人在德国科伦建立了一个名叫“共产主义俱乐部”的组织，开始宣传他们的思想观点。这些人自命为共产主义者，并把自己的学说叫做“真正的社会主义”。他们把德国的思辨哲学同空想共产主义学说混杂在一起，以费尔巴哈的抽象人道主义观点作为理论基础，打着社会主义的旗号，却主张小资产阶级所有制即一般的私有制，主张阶级调和，反对阶级斗争和政治革命，妄图用爱的说教来实现人类的解放。他们认为社会主义应是一种超阶级的理论，社会主义的承担者是小资产阶级和知识分子而不是无产阶级，甚至同无产阶级毫无联系。“真正的社会主义”像瘟疫一样，在德国“有教养”的人们中间传播开来。从1845年起，“真正的社会主义”思潮在法国和英国的正义者同盟中也开始泛滥，严重地危害着工人运动的发展。所以，马克思和恩格斯在《德意志意识形态》中对这一种思想给予了全面批判。

第二章

《德意志意识形态》的基本观点和主要内容

一、《德意志意识形态》的基本观点

（一）唯物史观的基本原理

《德意志意识形态》第一卷第一章《费尔巴哈》是未完成的手稿，就理论内容而言，该章具有独立的价值，在全书中占有重要的地位。在这章之中，马克思与恩格斯第一次系统地阐述了唯物史观的基本原理，完成了第一个伟大发现，并据此对共产主义作了科学的论证，从而把社会主义学说奠定在科学理论的基础上。

在《德意志意识形态》中，马克思和恩格斯首要的是解决历史观的问题。正如列宁所说："马克思和恩格斯的学说是从费尔巴哈那里产生出来的，是在与庸才们的斗争中发展起来的，自然他们所特别注意的是修盖好唯物主义哲学的上层，也就是说，他们所特别注意的不是唯物主义认识论，而是唯物主义历史观。因此，马克思和恩格斯在他们的著作中特别强调的是**辩证**唯物主义，而不是辩证**唯物主义**，特别坚持的是**历史**唯物主义，而不是历史**唯物主义**。”①

在《德意志意识形态》中，马克思初步阐明了唯物主义历史观的基本原理，主要从以下几个方面展开论述：

第一，唯物史观的前提是现实的个人。恩格斯把唯物史观定义为“现实的人及其历史发展的科学”②，因而，要全面制定和阐述唯物史观，首先必须确定它的前提，之后才能够从这个前提出发构建整个理论。而“全部人类历史的第一个前提无疑是有生命的个人的存在”。

唯物史观所说的人绝不是某种处在幻想之中的与世隔绝、离群索居的人，而是处在一定条件之下现实的、可以通过经验贯彻到的人。正如文中所说：“我们开始要谈的前提不是任意提出的，不是教条，而是一些只有在想象中才能避开的现实前提。这是一些现实的个人，是他们的活动和他们的物质生活条件，包括他们已有的和由他们自己的活动创造出来的物质生活条件。因此，这些前提可以用纯粹经验的方法来确认。”③

马克思、恩格斯关于“现实的个人”的论断首先针对着“思辨的个人”。整个德国古典哲学在人的问题上有许多重大突破，应该说，对人的关注和讨论是德国古典哲学一以贯之的理论主题之一。康德、费希特、黑格尔等哲学家都把人的自由看作其哲学的最高价值，确立了自由是人的最高价值，或者说，确立了人是目的而不是手段的基本准则。但是，在黑格尔那里，人被归结为“绝对精神”，人的创造活动和自主活动变成

① 《列宁选集》第 2 卷，人民出版社 1995 年版，第 225 页。
② 《马克思恩格斯选集》第 4 卷，人民出版社 1995 年版，第 241 页。
③ 《马克思恩格斯选集》第 1 卷，人民出版社 1995 年版，第 66—67 页。

了“绝对精神”的自我发展，也就是说，人格化的逻辑成了主体，而人反倒成为其对象化的客体。这种主客体的根本颠倒，引发了青年黑格尔派的哲学批判运动。但是，他们却始终未能离开黑格尔哲学的基地，“他们和黑格尔的论战以及他们相互之间的论战，只局限于他们当中的每一个人都抓住黑格尔体系的某一方面，用它来反对整个体系，也反对别人所抓住的那些方面”。其所以如此，是因为“这些哲学家没有一个想到要提出关于德国哲学和德国现实之间的联系问题，关于他们所作的批判和他们自身的物质环境之间的联系问题”①。表现在他们的哲学特征上，则是他们都从一种“无前提”的人出发。

在关于人的问题上，费尔巴哈的人本主义在当时的思想界影响也很大。费尔巴哈设定的人是“一般人”，是“感性对象”，而不是从事“感性活动”的人，不是“现实的历史的人”。这样的理解就妨害了他对人与自然界关系的认识。因为他把人对自然的认识只看作“场外观”，如同动物般的直观，把人与自然看作相互独立的两极，人对外部自然界只有顺从只有依赖，而不是积极主动的干预。由于他没有从内在的、本体的实践出发，他理解的人与自然界仍然是外在的关系。因而，通常说费尔巴哈是从孤立的、生物的意义上看待人，他所说的人始终是抽象的人。正如马克思和恩格斯所批评的那样，费尔巴哈“把人只看作是‘感性对象’，而不是‘感性活动’，因为他在这里也仍然停留在理论的领域内，没有从人们现有的社会联系，从那些使人们成为现在这种样子的周围生活条件来观察

① 《马克思恩格斯选集》第1卷，人民出版社1995年版，第64、66页。

人们——这一点且不说，他还从来没有看到现实存在着的、活动的人，而是停留于抽象的‘人’，并且仅仅限于在感情范围内承认‘现实的、单个的、肉体的人’，也就是说，除了爱与友情，而且是观念化了的爱与友情以外，他不知道‘人与人之间’还有什么其他的‘人的关系’”。马克思和恩格斯指出：“当费尔巴哈是一个唯物主义者的时候，历史在他的视野之外；当他去探讨历史的时候，他不是一个唯物主义者。在他那里，唯物主义和历史是彼此完全脱离的。”①

在《德意志意识形态》中，为了深化对“现实的人”这一前提的认识，马克思和恩格斯从生产实践的角度提出了最初历史的四个因素，即物质生活的生产、物质生活的再生产、人类自身的生产和社会关系的生产。马克思和恩格斯认为：“人们为了能够‘创造历史’，必须能够生活。但是为了生活，首先就需要吃喝住穿以及其他一些东西。因此第一个历史活动就是生产满足这些需要的资料，即生产物质生活本身，而且这是这样的历史活动，一切历史的一种基本条件，人们单是为了能够生活就必须每日每时去完成它，现在和几千年前都是这样。”②人类满足衣、食、住以及其他必需品的需要不是一次性的，生产物质生活资料的目的也不是一次就能达到的，因此，已经得到满足的这些需要本身、为满足这些需要而进行的活动以及满足这些需要所必须使用的工具又必然会引起新的需要。正是由于“新的需要的继续”，历史的延续才成为可能。因此，为了

① 《马克思恩格斯选集》第1卷，人民出版社1995年版，第77—78页。
② 《马克思恩格斯选集》第1卷，人民出版社1995年版，第79页。

满足新的需要进行的生产和为满足人们生活需要的生活资料的生产共同构成“生产物质生活本身”，它们是一切历史赖以存在和发展的首要的和基本的条件。这是最初历史的第二个因素。最初历史的第三个因素是人类自身的生产。人类自身的生产是人类自身的延续和发展，没有这种生产，人类就不复存在，人类历史就会终结。最初历史的第四个因素是社会关系的生产。这是因为，人类为了进行物质生活资料的生产和再生产，就必须结成一定的社会关系、一定的团体，并相互依赖，共同合作。只有这样，他们才能把个人的力量集中起来，以克服强大的自然力量对其生产造成的威胁。生活的生产——无论是自己生活的生产（通过劳动），或他人生活的生产（通过生育）——立即表现为双重关系：一方面，是自然关系；另一方面，是社会关系。社会关系的含义是指许多个人的合作，至于这种合作是在什么条件下、用什么方式和为了什么目的进行的，则是无关紧要的。这就是说，一旦进行生产，必然同时产生人与人的社会关系，没有这种社会关系，生产便无法进行。因此，被社会关系所确定的人的物质关系和人的历史是一样长久的。人们之间的物质关系，不断采取新的形式，就呈现出“历史”，它完全不需要任何政治的或宗教的呓语存在。研究人类历史的唯一正确的途径，是研究生产和由生产决定的社会状况的发展，把人类历史同工业和交换的历史联系起来。

第二，社会存在决定社会意识。在《德意志意识形态》中，马克思和恩格斯把社会意识和社会存在的关系概括为“不是意识决定生活，而是生活决定意识”的原理，对社会意识的产生、发展和本质做了深刻揭示。这里的“生活”一词实际指的是人们的社会实践活动。社会实践是人们的实际生活过程，也就是社会存在。任何意识，特别是社会意识，都是在一定的社会存在的基础上，在社会实践活动中产生的、形成和发展的；任何一种意识，特别是社会意识都反映了社会存在，反映了社会实践活动的水平、范围和主体的社会实践能力，反映了社会物质资料生产方式及其运动过程。所以，生活决定意识。“意识在任何时候都只能是被意识到了的存在，而人们的存在就是他们的现实生活过程。”①

马克思、恩格斯指出，只有坚持社会存在决定社会意识这一原理，才能够完整地描述其全部过程及这个过程的各个不同方面之间的相互作用。任何一种观念的东西，只要把它放在社会实践中加以考察，就能弄清楚它的来龙去脉和真实面目；错误的观念及一切唯心史观的谬论，都有其产生的社会基础，只有通过实践，才能推翻这一社会基础，以致消灭由之产生的错误的观念和唯心史观的谬论。

对于这一条原理，不应做历史决定论的教条式理解。恩格斯不同意把唯物史观简单地作历史决定论的解释，他说：“根据唯物史观，历史过程中的决定性因素**归根到底**是现实生活的生产和再生产。无论马克思或我都从来没有肯定过比这更多的东西。如果有人在这里加以歪曲，说经济因素是**唯一**决定性的因素，那么他就是把这个命题变成毫无内容的、抽象的、荒诞无稽的空话。”②

---

① 《马克思恩格斯选集》第 1 卷，人民出版社 1995 年版，第 72 页。

② 《马克思恩格斯选集》第 4 卷，人民出版社 1995 年版，第 695—696 页。

第三，生产力和生产关系的矛盾是历史发展的动力。1843年，马克思通过批判黑格尔法哲学而转向对市民社会的研究，发现了人们之间联系的纽带是私有财产，并得出了市民社会决定国家的结论。在《1844年经济学哲学手稿》中，马克思指出："宗教、家庭、国家、法、道德、科学、艺术等等，都不过是生产的一些特殊的方式，并且受生产的普遍规律的支配。"① 在《神圣家族》中通过"实物关系"的研究，他初次接触到生产关系这一历史唯物主义的核心概念，并使用了"生产方式"术语。接着在评李斯特的手稿中，他剖析了"工厂制度"，把工业劳动本身中的物质内容和社会形式区分开来，在《德意志意识形态》中形成了标志生产关系的独立范畴。生产关系还多用"市民社会""交往方式""交往形式""所有制形式""所有制关系"来表达。

"交往"这个术语在《德意志意识形态》中含义很广。它包括单个人、社会团体以及国家之间的物质交往和精神交往。马克思和恩格斯指出：物质交往首先是人们在生产过程中的交往，这是任何其他交往的基础。《德意志意识形态》中所使用的"交往形式""交往方式""交往关系""生产和交往的关系"等，表达了马克思和恩格斯在这一时期形成的"生产关系"的概念。这里的"交往形式"，指的是包括生产关系在内的广泛的、动态的社会关系。在马克思和恩格斯看来，生产力和生产关系（交往形式）的关系包括四个方面：一是生产力决定交往形式。一个社会的生产力总和决定该社会的状况，从而也决定

① 《马克思恩格斯全集》第42卷，人民出版社1979年版，第121页。

了该社会的交往关系。生产力状况决定了交往形式的本质和特点，交往形式受到生产力水平的制约。二是生产力只有通过一定的交往形式才能形成社会生产力，从而得以保存和发展。生产本身是以个人之间的交往为前提的。如果没有广泛的交往，某一个地方创造出来的生产力遇到战争获得巨大自然灾害等突发情况时会遭到毁灭。只有在交往具有世界性质并以大工业为基础的时候，保存住以往创造出来的生产力才有保障。三是生产力和交往形式的关系就是交往形式与个人行动或活动的关系。每一个社会的发展都会接受前一代所遗传下来的生产力以及与这种生产力相适应的交往形式。当交往形式适合生产力发展时，交往形式也就是人自主活动的形式，是在主体改造对象世界的活动中形成的共同活动的形式。但是随着生产力的发展，交往形式也会成为束缚生产力的桎梏，从而也会束缚生产力主体——人的活动。因此，生产力与交往形式的关系就是交往形式与个人活动的关系。生产力和交往形式之间的适应与否，决定了交往形式与个人活动的适应与否。四是生产力和交往形式的矛盾是历史冲突的根源。“按照我们的观点，一切历史冲突都根源于生产力和交往形式之间的矛盾。”① 在阶级社会里，这种冲突每一次都不免要爆发革命，它表现为阶级之间的冲突，表现为思想和政治斗争。历史上各种矛盾、冲突以及社会革命，归根结底是要解决生产力和交往形式之间的矛盾，从而使社会向前发展。历史的整个发展过程因此也表现为一个交往形式的序列，已经成为桎梏的旧的交往形式被适应于比较发

① 《马克思恩格斯选集》第1卷，人民出版社1995年版，第115页。

达的生产力的新的交往形式所代替，新的交往形式又会变成桎梏并被别的交往形式所代替。正如《德意志意识形态》中所说的：“已成为桎梏的旧交往形式被适应于比较发达的生产力，因而也适应于进步的个人自主活动方式的新交往形式所代替；新的交往形式又会成为桎梏，然后又为另一种交往形式所代替。”①

在《德意志意识形态》中，马克思和恩格斯还指出，社会革命的根源是生产力和生产关系的矛盾。“生产力和交往形式之间的这种矛盾——正如我们所见到的，它在迄今为止的历史中曾多次发生过，然而并没有威胁交往形式的基础，——每一次都不免要爆发为革命，同时也采取各种附带形式，如冲突的总和，不同阶级之间的冲突，意识的矛盾，思想斗争，政治斗争，等等。”②

马克思在《德意志意识形态》中阐述的唯物史观的方法论在之后的《致帕·瓦·安年科夫的信》中也得到了充分的体现和说明：“在人们的生产力发展的一定状况下，就会有一定的交换和消费形式。在生产、交换和消费发展的一定阶段上，就会有相应的社会制度、相应的家庭、等级或阶级组织，一句话，就会有相应的市民社会。有一定的市民社会，就会有不过是市民社会的正式表现的相应的政治国家。”③ 这里接连使用“一定的”，充分说明了马克思主义哲学的基本功能就在于从现实的生产出发，深刻认识和把握现存社会生产的本质和趋势。

---

① 《马克思恩格斯选集》第 1 卷，人民出版社 1995 年版，第 124 页。

② 《马克思恩格斯选集》第 1 卷，人民出版社 1995 年版，第 115 页。

③ 《马克思恩格斯选集》第 4 卷，人民出版社 1995 年版，第 532 页。

（二）人类解放和人的自由全面发展

马克思主义既是对社会历史本质及其发展规律的揭示，又是对人的自由、解放问题的具体阐发和探索。从马克思主义的形成过程可以看出，马克思并非为构造一种历史哲学而创立历史唯物主义，而是在为无产阶级和全人类寻求彻底解放的道路，科学地论证无产阶级历史使命的过程中逐渐形成历史唯物主义的。就其实质来说，马克思主义就是关于人的解放和人的自由全面发展的学说。因而，在理论探索中，马克思重在寻求无产阶级和人类解放的道路。因此，马克思特别关注的是人类命运和人的自由、发展问题。马克思在青年时代就树立了要为全人类的幸福而奋斗的理想。他之所以确立这样的理想并研究无产阶级和人类解放问题，并不仅仅出于他学术上的兴趣，也不仅仅出于他对某种丑恶制度或邪恶社会现象的道义批评，更为重要的是他已经深刻地洞察到：人类的命运与人类行为和社会制度直接相关，因而必须唤起自由意识，建立自由自主的制度。马克思一生为之奋斗的就是通过对资本主义社会的批判，把人从受屈辱、被损害的状态中解放出来，实现人的全面发展。

在资本主义条件下，无产阶级和人类解放的关键是要摆脱资本对劳动的奴役和控制，真正实现劳动解放，因而推翻资本主义雇佣劳动制度，改变资本与劳动的不合理关系，便成为实现这一解放的首要问题。为此，马克思一生研究的重点，是通过资本主义社会的解剖，把人类解放和人的自由这个一般性问题具体化为人类如何从资本主义异化劳动中解放出来的问题，以及如何改变资本与劳动的关系问题。正是通过这一研究，马克思不仅具体阐发了无产阶级和人类解放的理论，而且深刻阐释了历史唯物主义的基本原理。因此，要深刻认识和把握历史唯物主义，应当对资本主义社会的“剖析”及其意义予以深入的理解。

在《神圣家族》中，马克思开始用“和人道主义相吻合的唯物主义”以及“现实的人道主义”来称呼自己的学说。通过对思辨唯心主义哲学的批判，他认识到：“难道批判的批判认为，只要它从历史运动中排除掉人对自然界的理论关系和实践关系，排除掉自然科学和工业，它就能达到即使是才开始的对历史现实的认识吗？难道批判的批判认为，它不去认识（比如说）某一历史时期的工业和生活本身的直接的生产方式，它就能真正地认识这个历史时期吗?”从这里可以看出，马克思开始从物质生产过程的内部去寻找历史的动力。在马克思看来，一定的历史过程是由该历史时期的工业以及生活本身的直接的生产方式所体现出来的。这表明他在对资本的历史本质的探索中迈出了十分重要的一步，找到了资本的“历史的发源地”，也即资本主义的发源地在“尘世的粗糙的物质生产中”。马克思的这种客观现实逻辑还表现在他从“抽象的人”向“具体的人”的观点的转变，他从人对物质生活资料的依赖中推导出了人们在物质生产过程中必然发生的相互联系：“实物是为人的存在，是人的实物存在，同时也就是人为他人的定在，是他对他人的人的关系，是人对人的社会关系。”对社会关系的历史分析使马克思逐步抛弃了关于一般社会的抽象观念，开始用实践来说明社会历史的基础，“思想从来也不能超出旧世界秩序的范围：在任何情况下它都只能超出旧世界秩序的思想范围。思想根本不能实现什么东西。为了实现思想，就要有使用实践力量的人”①。在这里，科学的实践观已经呼之欲出了。

在《关于费尔巴哈的提纲》中，马克思正式确立了科学的“实践”概念作为理解社会历史发展的逻辑基点和出发点。费尔巴哈只是从经验的层面来看待现实生活中的利己主义实践，最终只能依赖于现实之外的人性的力量，来完成对现实本身的批判。马克思则认为，只有通过感性的人的活动，即现实的社会实践，才能实现对私有制现实的批判与超越。这种科学的“实践”概念所凸显的是社会关系中的主体能动活动，这种活动在私有制条件下是非人的和非自由的，但与此同时，就是在这种非人和非自由的活动中，不断蓄积着废除私有制的力量。正是在这个意义上，马克思说，“实践”活动具有革命的、批判的特征。因而，马克思主义哲学关于无产阶级和人类解放的主题被凸显出来，“哲学家们只是用不同的方式解释世界，问题在于改变世界”②。

在《德意志意识形态》中，马克思开始从“现实的人”即现实的生产出发，阐发了唯物史观的一般原理，开始建构了一种新的“历史科学”。正是由于历史唯物主义的确立，从而在这个全新的理论视域中，马克思根据生产力与生产关系之间的矛盾运动，分析了私有财产是一定的社会历史关系所决定的：

---

① 《马克思恩格斯全集》第2卷，人民出版社1957年版，第160、167—168、191、52、152页。

② 《马克思恩格斯选集》第1卷，人民出版社1995年版，第57页。

“地租、利润等这些私有财产的现实存在形式是与生产的一定阶段相适应的社会关系。”① 尽管此时马克思尚未形成有关资本主义内在本质的深入解剖，并以现代私有制社会这个有待升华的概念描述资本主义社会，但他还是在新的理论框架中提供了对资本主义现实的全面分析。具体包括：现代私有制社会的历史性本质在于分工基础上的机器大工业和竞争产生了私有财产和劳动的分离；现代私有制社会中的个人由于分工和货币的关系而形成了一种抽象的偶然联系；私有财产成为异己的力量统治人；工业带来的生产力发展必将冲破资产阶级社会的私有制，即共产主义将通过占有和联合的形式获得实现。②

马克思指出：“个人怎样表现自己的生活，他们自己就是怎样。因此，他们是什么样的，这同他们的生产是一致的——既和他们生产什么一致，又和他们怎样生产一致。因而，个人是什么样的，这取决于他们进行生产的物质条件。”由此引出的便是从分工和所有制的对应关系的角度对社会历史过程的分析和阐述，因而，“始终必须把‘人类的历史’同工业和交换的历史联系起来研究和探讨”③。在马克思看来，分工是生产力发展的表现形式，并且决定了所有制的形式。马克思对不同的所有制形式进行了阐述：第一种是部落所有制，它与不发达的生产力和不发达的分工状况对应；第二种是古典古代的公社所

① 《马克思恩格斯全集》第3卷，人民出版社1960年版，第255页。

② 参见张一兵等：《广义历史唯物主义基础上对资本主义的科学批判》，《江西社会科学》2008年第4期。

③ 《马克思恩格斯选集》第1卷，人民出版社1995年版，第67—68、80页。

有制及国家所有制，它与比较发达的分工相对应；第三种是封建的或等级所有制，它是与小规模的粗陋的土地耕作和手工业式的工业这样一种生产力发展水平，以及与之相关的不发达的分工相对应。这种对分工的解读是基于唯物史观的理论逻辑的。在马克思看来，自然形成的分工条件下，人与人之间通过交往而构成的共同活动尽管可以产生一种社会力量，但这种社会力量并非他们自身的联合，而是压迫着他们的某种异己的力量，也就是"异化"。然而，马克思不再像《1844年经济学哲学手稿》中那样，从人本主义异化史观的角度来看待异化，而是站在生产力与社会关系相互矛盾的基础上，来阐述消灭这种"异化"的现实路径。马克思指出，要想消灭"异化"，首先必须有生产力的发展，因为只有在此基础上，才能出现社会内部的阶级矛盾，同时才可能使人们的地域性存在转变为世界历史性的存在，而寻求无产阶级和人类解放的共产主义革命正是在这些因素的基础上才可能发生。

马克思在《关于费尔巴哈的提纲》中分析了费尔巴哈关于"人的本质异化"的命题，超越了带有思辨和人本主义性质的"异化理论"。在《德意志意识形态》中，他清算了自己早期的异化理论。唯物史观确立后，异化概念已不再是马克思学说的出发点和基本范畴，不用或很少使用，即便用，也是作为描述特定现象的概念。异化概念是个旧哲学用语，具有某种抽象的思辨的性质，具有浓厚的空想色彩和人本主义烙印。马克思科学地说明了异化产生的根源和克服异化的途径，科学地说明人的本质和社会历史发展。

在《德意志意识形态》中，马克思具体探讨了异化及其扬弃的问题。"这种'异化'(用哲学家易懂的话来说)当然只有在具备了两个实际前提之后才会消灭。要使这种异化成为一种'不堪忍受的'力量,即成为革命所要反对的力量,就必须让它把人类的大多数变成完全'没有财产的'人,同时这些人又同现存的有钱有教养的世界相对立,而这两个条件都是以生产力的巨大增长和高度发展为前提的。"① 人的实践活动的异化,是指人本身的活动对人来说,成为一种异己的、同他相对立的力量,这种力量压迫人,而不是人驾驭着这种力量。异化扬弃的根本前提是生产力的巨大增长和高度发展。只有生产力的高度发展,异化才能成为革命的对象。在高度发达的生产力条件下,自然发生、强制性的分工才会被扬弃,人才发展出普遍的交往关系和全面的能力。

马克思和恩格斯批判了青年黑格尔派关于人的解放的错误观点,指出青年黑格尔派这些"聪明的哲学家们"没有认识到,要真正实现人的解放,必须改变现实的客观存在、改变现实的社会制度。"只有在现实的世界中并使用现实的手段才能实现真正的解放;没有蒸汽机和珍妮走锭精纺机就不能消灭奴隶制;没有改良的农业就不能消灭农奴制;当人们还不能使自己的吃喝住穿在质和量方面得到充分保证的时候,人们就根本不能获得解放。'解放'是一种历史活动,不是思想活动,'解放'是由历史的关系,是由工业状况、商业状况、农业状况、交往状况促成的。"②

---

① 《马克思恩格斯选集》第1卷,人民出版社1995年版,第86页。
② 《马克思恩格斯选集》第1卷,人民出版社1995年版,第74—75页。

(三) 马克思主义哲学是历史唯物主义

马克思和恩格斯并没有赋予自己的哲学一个具体的名称。将马克思主义哲学用“辩证唯物主义和历史唯物主义”这一称谓来指代，主要是受苏联的影响。受此影响，长期以来，我们把“辩证唯物主义和历史唯物主义”视为马克思主义哲学的同义语。近些年来，学术界对于马克思主义哲学的称谓一直存有争论。之所以形成争论，是因为称谓的背后代表着对马克思主义哲学实质的不同理解。那么，究竟如何看待马克思主义哲学的特质？是辩证唯物主义、历史唯物主义，还是实践唯物主义？

此外，有人提出，《德意志意识形态》中有一段话表明了马克思和恩格斯已经不再有自己的哲学：“在思辨终止的地方，在现实生活面前，正是描述人们实践活动和实际发展过程的真正的实证科学开始的地方。关于意识的空话将终止，它们一定会被真正的知识所代替。对现实的描述会使独立的哲学失去生存环境，能够取而代之的充其量不过是从对人类历史发展的考察中抽象出来的最一般的结果的概括。这些抽象本身离开了现实的历史就没有任何价值。”① 这是否表明，哲学会随着实证的历史科学的建立而终结？唯物史观（历史唯物主义）是哲学吗？

马克思主义哲学的特质是历史唯物主义。我们的传统教科书体系一般将马克思主义哲学构建成“辩证唯物主义和历史唯物主义”的原理体系，关于“辩证唯物主义”这一概念，据西

① 《马克思恩格斯选集》第1卷，人民出版社1995年版，第73—74页。

方思想家巴里巴尔考察，这一概念最早的使用者是狄慈根[①]。“文化大革命”之后，国内的马克思主义哲学界曾经有过对苏联教科书体系的反思。实际上，我国学者很早就对这个体系提出了不同看法，1957 年发表的《论辩证唯物主义与历史唯物主义的区别和联系》一文，首次对苏联教科书体系提出了不同意见，认为“辩证唯物主义是马克思主义的哲学理论，是真正科学的哲学或宇宙观。历史唯物主义是马克思主义的历史理论，是真正科学的社会学或历史观”[②]。而同年发表的《论辩证唯物主义与历史唯物主义的关系——哲学与社会学的统一和分化》一文，则指出“历史唯物主义不应当包括在哲学之中”[③]。

“文化大革命”之后，马克思主义哲学界首先开始进行反思的便是苏联教科书体系，于是各种各样的体系纷至沓来，有人坚持苏联的“辩证唯物主义和历史唯物主义”的体系，有人认为只有“实践唯物主义”才能体现马克思主义哲学的特质，有人认为历史唯物主义才真正体现了马克思主义的真精神。

而当我们回到马克思的文本时，却发现马克思并没有赋予自己的哲学一个具体的名称，如辩证唯物主义、历史唯物主义或实践唯物主义，马克思和恩格斯曾经在不同场合把自己的哲学学说称为“新唯物主义”“现代唯物主义”，将费尔巴哈之前的唯物主义都称为“旧唯物主义”。新唯物主义相对于旧唯物

---

① 参见〔法〕埃蒂安·巴里巴尔著，王吉会译：《马克思的哲学》，中国人民大学出版社 2007 年版，第 3 页。

② 刘丹岩：《论辩证唯物主义与历史唯物主义的区别和联系》，《吉林大学社会科学学报》1957 年第 1 期。

③ 高清海、邹化政：《论辩证唯物主义与历史唯物主义的关系——哲学与社会学的统一和分化》，《吉林大学社会科学学报》1957 年第 1 期。

主义有两个基本的特点：它既是历史的唯物主义，又是辩证的唯物主义。但这并不是说它们是两个“主义”，而是同一个“主义”，称为辩证的唯物主义也可以，称为历史的唯物主义也可以，名称和内容并不能画等号。列宁在《唯物主义和经验批判主义》中反复强调对于马克思主义哲学来说重要的是“**辩证**唯物主义”而不是“辩证**唯物主义**”，是“**历史**唯物主义”而不是“历史**唯物主义**”①。也就是说，在历史主义的方法中涵盖着辩证方法的原则，在辩证方法中涵盖着历史主义的内容，二者是统一的。但是，受苏联哲学的影响，我国传统的哲学教科书人为地把马克思主义哲学划分为辩证唯物主义和历史唯物主义两大块，导致人们错误地认为辩证唯物主义是马克思主义哲学的一般理论，历史唯物主义不过是它在社会历史中的运用而已，这与马克思的原意不符。

（四）观照历史的两种方法：马克思与施蒂纳

施蒂纳是青年黑格尔派的重要人物和逻辑终结者，他的代表作《唯一者及其所有物》第一次全面批判了费尔巴哈乃至启蒙思想以来的古典人本主义逻辑，是促使马克思、恩格斯批判费尔巴哈的关键人物。这直接地影响了马克思主义的形成，具有重要的意义。

《德意志意识形态》一书中有大约 2/3 的篇幅是批评施蒂纳的。在《德意志意识形态》第一卷第三章中，马克思逐章批判施蒂纳。在面对如何解释“古代”的问题上，马克思呈现出

① 《列宁全集》第 18 卷，人民出版社 1988 年版，第 345 页。

完全不同的思考逻辑，后者将古代等同于古代哲学史，同时又将古代哲学史即古希腊哲学归结为几个哲学学派的观点和论述的简单串接。而马克思立足于古代的物质生产关系来解释古代史，批判了施蒂纳观照历史的思辨方法。二者的总体性分歧在这一部分也得以初步展现。

在《创世记：即人生》的最后，马克思针对性地提出对施蒂纳的四点批判：一是施蒂纳将人生的各个阶段归结为一定的意识关系，并且用意识的差别构成人生，这样就忽视了决定意识变化发展的社会物质生活。更糟糕的是，即使是意识的关系本身，施蒂纳也没有能够正确理解，而是加以思辨地歪曲。总的来说，施蒂纳对待人生的观点和方法是“哲学的”。从这里也可以看出，马克思此时依然是在否定的意义上使用“哲学”这一概念的。因为儿童、青年和成人只是用黑格尔的“肯定—否定—否定之否定”的公式建构出来的。二是施蒂纳是在完全撇开历史时代、民族和阶级等情况的基础上来谈论“意识”的，他的意识只是被夸大了的特定阶级的意识。三是施蒂纳将自己通过思辨虚构的人生与现实混淆起来了。四是马克思揭露了施蒂纳的症结所在：他所谈论的人生在黑格尔的著作中早就出现过，只不过施蒂纳转换了一些表达方式和概念罢了。

在《旧约的经济》开头，马克思说，要从“律法书”跳到“先知书”，什么意思呢？

我们知道，《旧约》包括三大部分，即律法书、先知书、圣录。律法书又称摩西五经，包括《创世记》《出埃及记》《利未记》《民数记》和《申命记》共 5 卷，主要记叙了希伯来传说中世界与人类的起源以及以色列民族形成、发展的历史；先知书，包括《约书亚记》《士师记》《撒母耳记》《列王记》《以赛亚记》《耶利米书》《以西结书》以及十二小先知书等，共21卷，记载了以色列历史上重要人物的事迹以及众先知的言行；圣录又称圣文集或杂集，包括《诗篇》《箴言》《约伯记》《雅歌》《路德记》《传道书》《耶利米哀歌》《以斯帖记》《但以理书》《历代志》《以斯拉记》《尼希米记》等，共13卷，其体裁有诗歌、格言、小说、戏剧、史书、预言等，属于当时流行的智慧文学和启示文学，但具有深厚的宗教内容。

马克思把《旧约：人》第一部分《创世记：即人生》看做是律法书，因为他主要批判了施蒂纳将人生分为“儿童”“青年”和“成人”，并将其讽喻为描绘以色列民族形成、发展和壮大的历史的《律法书》；而马克思接下来是要针对施蒂纳评述哲学史上的哲学家的观点，因此用记载了以色列历史上的重要人物事迹的“先知书”来加以命名。

接着，马克思提出了“唯一者的全部历史是围绕着儿童、青年和成人这三个阶段兜圈子的，这三个阶段又具有‘各种转变’，兜着愈来愈大的圈子，最后直到事物世界和精神世界的全部历史被归结为‘儿童、青年和成人’为止”①。我们知道，黑格尔的逻辑学有着严密整齐的三段式形式，所有范畴都被组织在正反合的形式中，构成了大大小小的辩证法环节，这些环节环环相扣，层层上升，形成了正反合的大大小小的圆圈。逻辑学的三个大圆圈依次为存在论、本质论和概念论。每一个又分别由三个较小的圆圈构成，每一个较小的圆圈再由更小的圆

① 《马克思恩格斯全集》第3卷，人民出版社1960年版，第131页。

圈构成，如此层层相依，构成数量不等的层次。马克思实际上已经点出了施蒂纳是照搬了黑格尔。

“前面我们谈到了德国的哲学的历史观”①，这一部分应该是在《费尔巴哈章》中提到的，马克思所说是“前面”并非是按照写作顺序，原因在于我们看到的是后来的誊写稿，马克思（或恩格斯）为了保持逻辑连贯，增加了一些过渡性的语句。

一开头马克思便将施蒂纳最关键的地方说破了：“思辨的观念、抽象的观点变成了历史的动力，因此历史也就变成了单纯的哲学史。”马克思在《旧约的经济》这一部分与施蒂纳的根本分歧就在于两点：其一，历史的动力究竟是物质生产还是思辨意识？其二，哲学史究竟是思辨抽象的纯粹概念推演还是根源于社会历史发展的过程之中？施蒂纳对第一个问题的回答使得“历史便成为单纯的先入之见的历史，成为关于精神和怪影的神话”②。而对第二个问题的回答则根本没有涉及哲学史“如何在现实的历史关系的影响下发展”这一问题。

下面具体分析施蒂纳是怎样使得哲学史变成抽象观念的推演。他推演的起点是三个最简单范畴，即儿童、青年和成人，或者说唯实主义、唯心主义和作为两者的统一的绝对否定（利己主义），并以此作为全部历史的基础。并且由这三个简单范畴构建出“一系列冠冕堂皇的响亮的名称”。具体说，便是四次建构的过程：

---

① 《马克思恩格斯全集》第3卷，人民出版社1960年版，第131页。

② 《马克思恩格斯全集》第3卷，人民出版社1960年版，第131、132页。

一：儿童—青年—成人

二：黑人—蒙古人—高加索人

三：唯实主义的利己主义者—唯心主义的利己主义者—真正的利己主义者

四：古代人—近代人—“我”

这第四次建构的体系实际上是马克思《旧约：人》批判施蒂纳的提纲，他就是按照施蒂纳自己的逻辑结构来一步步展开论述的。

施蒂纳“把关于思辨观念统治历史的思辨看法变成了关于思辨哲学家本身统治历史的看法”，把“观念的统治”看作是“实际存在着的关系”①。马克思一针见血地指出，施蒂纳的这些伎俩，在黑格尔那里早就说过了，掌握这种单调的形式主义的工具并不比掌握画家的调色板难，在画家的调色板上只有两种颜色，譬如说黑色（唯实主义的、儿童般的、黑人般的等）和黄色（唯心主义的、青年的、蒙古人的等），当需要某种历史作品（“事物世界”）时，便涂上前一种颜色，当需要风景（“天”、精神、神圣的东西等）时，便涂上后一种颜色。黑格尔在《精神现象学》中对这种观点是持批判态度的，他认为这种做法是一种“普遍图式”，因而“不过是一张图表而已”，但是“图表就像骨架和香料店一样把事情表示得明明白白，同时，它也像骨架之没有血肉和香料店的罐子所盛的东西之没有生命那样，也把事情的活生生的本质抛弃掉或掩藏了起来”。

① 《马克思恩格斯全集》第3卷，人民出版社1960年版，第135页。

黑格尔认为这种方法“是僵死的知识或理智”，“是外在的知识”①。因此，这里实际指出施蒂纳虽然在形式上似乎是对黑格尔的拙劣模仿，但却是黑格尔所批判和不赞同的观点。

总之，在施蒂纳那里，“古代人”＝儿童、黑人、黑人般的高加索人、动物、天主教徒、英国哲学、无教养者、非黑格尔主义者、事物世界、唯实主义的形式，等等。“近代人”＝青年、蒙古人、蒙古人般的高加索人、人、新教徒、德国哲学、有教养者、黑格尔主义者、思想世界、唯心主义的形式等对应的形式。

马克思最后用了最简单的“普通意识”（即日常生活中最普遍的事物，“中学生的材料”）是如何层层上升，环环相扣，在纯概念之间建构自身体系的。

在“古代人”这一部分，施蒂纳所采用的理论逻辑便是将古代等同于古代哲学史，同时又将古代哲学史即古希腊哲学归结为几个哲学学派的观点和论述的简单串接。让我们来看看马克思是如何逐章取义，一步步批判施蒂纳的。

费尔巴哈认为“在古代人看来，世界是真理”，而施蒂纳却批判他“忘了这样一个重要的补充：这种真理就是古代人力求洞察它的非真理性而且最后的确洞察到了的真理”。费尔巴哈的直观唯物主义认为，古代人看待和认识世界的方式就是他们对外在世界的直观感受，外在世界便构成了古代人存在和发展的前提与基础，应该说，这是直观唯物主义和自然唯物主义

---

① 〔德〕黑格尔著，贺麟、王玖兴译：《精神现象学》上卷，商务印书馆 1979 年版，第 34、35 页。

所承认的一般物质前提。而施蒂纳则从思辨唯心主义的角度认为：“古代人没有按照基督教的办法去对待他们的世界”，他们将“自然”和“精神”、“尘世”和“天上”对立起来，认为古代人对“自然”的“真理”探求恰恰反映了他们对“精神”的忽视和缺失，即“非真理”，但这种“非真理性”却使得人们开始关注和反思自我意识和精神，于是“洞察到了真理”。施蒂纳用基督教作为“精神”的代称，因此才有了马克思反驳施蒂纳的观点：他用了“乡下佬雅各”来称呼施蒂纳，认为施蒂纳“只要把古代世界变成后来的关于古代世界的意识”。接着，马克思又点出了施蒂纳的问题：“乡下佬雅各像所有其他思辨哲学家一样，是从事物的哲学尾巴上来抓一切事物的。”①

在逐个学派地批判施蒂纳之前，马克思从总体逻辑上对施蒂纳研究古代的方法做了一个总的分析和批判。施蒂纳的所有观点都是在颠倒事实，即“如何让观念的历史来产生物质的历史”，他所谈论的“只是意识对事物、对真理的关系问题，因而也只是古代人同他们的世界的哲学关系问题”，丝毫没有与古代社会发展的现实情况相联系和结合，这样就导致了用“古代哲学史代替了古代历史”，并且这种哲学史还只是施蒂纳“按照黑格尔和费尔巴哈的观点想象出来的哲学史”②。马克思自然是很不满意，他开始依次批判施蒂纳对古代哲学史的研究。

引子是对施蒂纳忽视亚里士多德的批判。施蒂纳在介绍了

① 《马克思恩格斯全集》第3卷，人民出版社1960年版，第140、141页。
② 《马克思恩格斯全集》第3卷，人民出版社1960年版，第142页。

诡辩学派（即智者学派）和苏格拉底之后，直接跳到了怀疑论派。众所周知，这其中至少忽略了柏拉图和亚里士多德。马克思明确地看到了这一点，指出施蒂纳想要“尽快地摆脱”过去而过渡到“近代人”。这在本质上是因为施蒂纳不是按照哲学史自身的发展来谈论的，而是根据预设的精神发展的阶段来谈论的。这便是马克思上面说的“想象出来的哲学史”。

我们知道，马克思在写作于1840年下半年到1841年3月底的博士论文中，便详细讨论了希腊哲学的各个流派，他甚至将博士论文“仅仅看作是一部更大著作的导论，在该著作里我将联系整个希腊思辨详细地分析伊壁鸠鲁主义、斯多葛和怀疑论这三派哲学的相互关系”①。可以说，马克思对古希腊哲学是有着很深的研究的，因此在这里面对施蒂纳的歪曲便进行了详细的揭露。

第一，斯多葛派。施蒂纳认为：“斯多葛派希望实现智者……善于生活的人的理想……他们发现这种理想就是鄙视世界，就是没有生命发展的、和世界没有友好往来的生活，也就是孤独的生活，不与人共同的生活；只有斯多葛主义者活着，其他的一切在他看来都是死的。伊壁鸠鲁派却相反，他们要求变动的生活。”② 这里，施蒂纳把智者的生活看成只是斯多葛派的理想是他的猜测。只要阅读第欧根尼·拉尔修的著作就会发现，这个想实现自身并善于生活的人到处存在，并非斯多葛主义者是现实化了的智者，而智者，不过是理想化了的斯多葛主

① 《马克思恩格斯全集》第40卷，人民出版社1982年版，第188页。

② 《马克思恩格斯全集》第3卷，人民出版社1960年版，第143页。

义者；而且“sophos”不仅以斯多葛主义者的形象出现，也同样在伊壁鸠鲁派、新学园派和怀疑论派那里出现。甚至可以说，“sophos”是希腊爱智者、哲学家提供给世人的公众形象，神话中的七贤，实际生活中的苏格拉底、斯多葛派、伊壁鸠鲁派、新学园派和怀疑论派的人生学说都是如此。关于智者，每一个学派在理解和解释上可能有区别，而不是像施蒂纳那样有唯一的解释。

斯多葛派所向往的决不是“没有生命发展的生活”，而是绝对变动的生活。因为他们的自然观是赫拉克利特式的、运动和发展的。斯多葛派认为世界的本原是“普钮玛”（pneuma），一般翻译成“精神”，其自身包含着能动的力量，宇宙按照一定的节律做循环运动。他们关心自然的目的是为了达到幸福生活，其口号是“按照自然生活”，这里的自然便是世界的本性，即“逻各斯”，这来自赫拉克利特，其本性便是活动的。可以说，马克思的批判是十分到位和精准的。

马克思认为，说“伦理学是斯多葛派的唯一的科学”是十分不正确的。斯多葛派的哲学体系包括物理学、伦理学和逻辑学，并且他们是亚里士多德之后形式逻辑和一般分类学的主要奠基人。他们把哲学比作鸡蛋，称逻辑学为蛋壳，伦理学为蛋黄，物理学为蛋白，并且他们的伦理学也并非“排斥世界以及反对世界而自我肯定的学说”，斯多葛派的芝诺便认为他们“按本性来说是社会的，并且是参加实际活动的”①。

第二，德谟克利特。施蒂纳在谈论斯多葛派时提到了德谟

① 《马克思恩格斯全集》第3卷，人民出版社1960年版，第144、145页。

克利特。这可真是撞到枪口上去了。施蒂纳以为德谟克利特是一个斯多葛主义者，并且其“全部活动归根到底就是努力摆脱世界”，“排斥世界”。马克思指出不能根据拉尔修的几条逸文而应该根据亚里士多德的著作来研究德谟克利特，这样便可看出他“不仅不排斥世界，反而是经验的自然科学家和希腊人中第一个百科全书式的学者”①。实际上，马克思早在他写作博士论文的时候就是这样认为的，他说：“第欧根尼·拉尔修所列举的德谟克利特的著作的目录就足以证明他的博学。”② 这或许是马克思在批判施蒂纳时候的一种策略。马克思在最后还提到了伊壁鸠鲁和德谟克利特原子观的不同之处，这方面他自然是行家了。

第三，伊壁鸠鲁。马克思认为施蒂纳对于伊壁鸠鲁的研究只有中学生的水平。施蒂纳将伊壁鸠鲁的“快乐”与斯多葛派的“不动心”对立起来是完全错误的，因为伊壁鸠鲁也讲“不动心”，而且是一种比“快乐”更加高级的东西。伊壁鸠鲁的伦理学被称为“快乐主义”，其要点是认为静态快乐高于动态快乐，而所谓的静态快乐便是指身体免遭痛苦和心灵不受干扰，也就是身体健康和心灵宁静。伊壁鸠鲁更加强调心灵的快乐。可见，马克思的批评是非常准确的。施蒂纳说，伊壁鸠鲁派“只教人一种有别于斯多葛派的对世界的态度”；对此，马克思指出，那就请他给我们指出一个不是“只教人一种有别于斯多葛派的对世界的态度”的“古代和近代的”（非斯多葛派

---

① 《马克思恩格斯全集》第3卷，人民出版社1960年版，第145、146页。
② 《马克思恩格斯全集》第40卷，人民出版社1982年版，第201页。

的）哲学家吧！施蒂纳最后引用了伊壁鸠鲁派的一句格言结束对这一派别的议论：“世界必须受到欺骗，因为世界是我的敌人。”马克思则引用另一句为人们仅仅知道的伊壁鸠鲁派的话予以回应：“世界必须摆脱欺骗，即摆脱对神的恐惧，因为世界是我的朋友。”①

第四，怀疑论派。施蒂纳认为，怀疑论派的哲学比伊壁鸠鲁的哲学更为激进。马克思则认为，怀疑论派把人们对事物的理论关系归结为假象，并像别人顺应现实一样顺应假象，却在实践中保持原样，而伊壁鸠鲁却是真正的启蒙者，他公开攻击古代的宗教并奠定了无神论的基础。② 有一次怀疑论派的皮浪在海上遇到风浪，别人都惊慌失措，他却无动于衷，并指着船上一头正在吃食的猪说，这就是哲人应该有的生活状态。怀疑论派的不动心是一种消极的随遇而安的生活状态，决不能称为激进的态度。马克思在博士论文中已经大大夸了伊壁鸠鲁一番，借用伊壁鸠鲁的原子偏斜来表达自我意识哲学，并在序言中高呼：“老实说，我痛恨所有的神。”③ 他又在普卢塔克与伊壁鸠鲁关于神学的论战中提到了伊壁鸠鲁的无神论倾向。应该说，马克思在这里是得心应手的。

最后，马克思开始对施蒂纳的观点和方式进行总结。施蒂纳为了使古代哲学史迁就他虚构的三段式中所对应的“儿童”，便故意删除亚里士多德，不提《形而上学》这部伟大著作。

施蒂纳“要从古代哲学史中作出古代史”，但是他“不去

---

① 《马克思恩格斯全集》第3卷，人民出版社1960年版，第146—147页。
② 参见《马克思恩格斯全集》第3卷，人民出版社1960年版，第147页。
③ 《马克思恩格斯全集》第40卷，人民出版社1972年版，第189页。

描绘作为基督教的物质基础的‘事物世界’，却让这个‘事物世界’毁灭在精神世界、基督教中”。如果从思辨的意识和精神的观点来看待古代，那么古代既可以被看作“唯实主义”又可被看作“唯心主义”，这样根本不可能有历史分期的标准，只能拘泥在无底棋盘的无谓争论中，“所有这些抽象的对立和历史结构，都没有什么意思”①。

施蒂纳就在从观念发展的角度重新解释过历史，认为从“古代”向“近代”的转变不是经验性事实按时间顺序的排列组合和累积，而是“人”的精神的自足的发展阶段。马克思借对此书详尽的考察，在《圣麦克斯》一章中对施蒂纳的观点进行了深刻批判，认为必须坚持从“物质基础的‘事物世界’”来看待和研究历史，从历史和现实的发展中才能推衍出观念。

可以看到，在施蒂纳那里，古代、古代人已经不完全是按照自然时间、纯粹历史的尺度来界定的，而更主要的是从“人”的角度、从精神的层面上进行衡量的；就是说古代之所以是古代、古代人之所以是古代人是因为它们没有达到近代对人的那样一种理解和自觉。比如说，古代人没有照“现代基督教的办法”去对待他们的世界，这样古代自身必须寻找自身的否定——寻找基督教，这样就必然过渡到了现代。这种历史的分期是按照“真理”与“非真理”的区别来看待的，这是典型的从主观历史分期论。麦克莱伦也看到了施蒂纳分析历史的方法论实质依然是黑格尔的逻辑：“将历史当作哲学思想逐渐前进的过程是黑格尔的观点，但是施蒂纳用自我及其所有物的至

① 《马克思恩格斯全集》第3卷，人民出版社1960年版，第149、150页。

上性代替了精神的统治。他对现代的分析是一种关于讲精神的魔鬼学，人类曾相继为这些精神所奴役。”“施蒂纳在论述古代时，把自然界和它的规律当作比人更有威力的现实，然后，他更为详尽地描述了现代世界，基督教世界，在宗教和哲学中的纯粹精神的王国，它的最后的表现即费尔巴哈哲学仍然是‘彻底的神学’。”①

应该说，施蒂纳的观点并非一无是处。历史如何既不沦为马克思所说的“客观历史编纂学”，又不沦为根据主观意识臆断的历史唯心论？西方近代哲学以来的历史研究方法在观照历史的方法上各执一端：要么在经验主义者那里，历史事实被当作经验性的事实来看待，产生了只关注主体认识能力如何切中客观经验事实的学说；或者在抽象人道主义那里，以历史的“应有”来批判并扬弃当下的“现有”，将历史看作是观念的更替。于是哲学史上就出现了这样几对矛盾：主体和客体、历史和结构、霸权和自由，哲学的主流就在对立双方之间不停转换，而对立的两派学说往往各执一端，谁也无法彻底驳倒对方。施蒂纳观照历史的方法便是后一种思路，即假定观念和思想支配着迄今的历史，假定这些观念和思想的历史就是迄今存在的唯一的历史，他设想现实的关系要顺应人自身及其观念的关系，把人们关于自身的意识的历史变为人们的现实历史的基础，最终把意识、观念、精神的历史称为“人”的历史并用这种历史来偷换现实的历史。

---

① 〔英〕麦克莱伦著，夏威仪等译：《青年黑格尔派与马克思》，商务印书馆 1982 年版，第 126 页。

应该说，马克思的历史唯物主义（唯物史观）就是对两种极端的拒斥和扬弃，诞生了一种观照历史的崭新方法。这种方法把历史看成是一种内在矛盾不断发展的历史，即最能反映现实的个人的真实社会状况的生产力和生产关系的具有丰富内涵的内在矛盾发展史，把纯粹的理论争论拉入到现实的矛盾发展过程中，从而在学理上把近代哲学推进了一大步。因而，可以看到，马克思对施蒂纳的批判也代表着马克思对近代哲学历史研究方法的批判，因而应当赋予这一批判以更大的理论关注，全面透析和研究《圣麦克斯章》在马克思思想发展过程中的重要地位和作用。

二、《德意志意识形态》的主要内容

（一）世界历史理论

除了从纵向上揭示历史发展的一般过程，阐明社会形态依次更替的规律之外，马克思还从历史观的高度，从横向关系上深刻地分析了近代以来民族的、地域的历史转变为世界历史的基础、方式、矛盾和规律。在马克思主义形成时期，马克思就把他所处的时代概括为“历史转变为世界历史”的时代。虽然马克思所说的“世界历史”与“全球化”不完全是一回事，但他分析“世界历史”时代的理论和方法，对于今天研究全球化问题仍不乏启迪意义。

马克思所说的“世界历史”，不是通常的、历史学意义上的世界史，即整个人类发展的历史，而是指各民族、各国家相互影响、相互制约、相互渗透、相互依赖，使整个世界一体化以来的历史，它是相对于民族国家的地域狭隘性而言的。在

《德意志意识形态》中，马克思较为集中地谈论了“世界历史”的理论。学术界一般认为，马克思对世界历史理论的探讨，实际上是论述其关于“全球化”的重要思想。马克思关于世界历史的本质、规律、特征和发展趋势的研究，正是阐述了他所处时代的全球化发展的基本内涵和理论。

马克思对世界历史理论的阐发，与其哲学主题紧密联系。因为在全球化条件下，人的存在本身就不是一种孤立的存在，正如马克思所说：“无产阶级只有**在世界历史意义上**才能存在。”① 马克思研究世界历史的内在动因，在于通过对全球资本主义发展的总体性剖析，科学地论证共产主义实现的历史必然性，从而探索出实现人类解放和人的自由全面发展的现实路径。

《德意志意识形态》较多地使用了“普遍的”“全面的依存关系”“世界历史性的”“世界历史意义上的”“世界历史性的存在”“世界历史性的共同活动”“世界市场”等概念，以与“氏族的”“民族的”“地域性的”“地域性意义”“地域局限性”等概念相对应。马克思和恩格斯主要是从以下几个方面展开对世界历史的论述：

第一，展示了历史向世界历史转变的总体过程。正是在这里，马克思提出了“历史向世界历史转变”的著名论断：“各个相互影响的活动范围在这个发展进程中越是扩大，各民族的原始封闭状态由于日益完善的生产方式、交往以及因交往而自然形成的不同民族之间的分工消灭得越是彻底，历史也就越是

① 《马克思恩格斯选集》第1卷，人民出版社1995年版，第87页。

成为世界历史。”①

历史向世界历史的转变就是指各民族国家摆脱各自孤立发展的状态，进入一种全面相互影响、相互制约、相互渗透、相互依赖的历史阶段。因为在古代社会中，各民族国家一开始都是在各自的生活环境中获得各自的生存方式的，由于地理条件的限制和交通的不便利，古代各民族国家之间的交往很少，在相当长的一个历史时期中处于相互隔离的状态，在彼此互不干扰、互不联系和交往的状态下完成各自的发展。因而从总体上看，近代资本主义兴起之前，人类历史的各民族国家孤立发展的历史。随着近代资本主义商品经济兴起以来，生产的快速发展以及社会化程度的不断提高和社会需求程度的不断扩大，出于逐利的目的，资产阶级开始奔走于世界各地，力图建立世界市场；大工业的建立、交通工具的发展、新大陆的发现，使得世界市场迅速形成；世界市场的形成使得一切国家和民族的生产和消费都成为世界性的。在这种历史条件之下，民族的闭关自守再也无法继续下去了，越来越多的民族和国家都自觉或不自觉地卷入到普遍交往的行列之中，而且在经济交往的基础之上，又形成了政治交往、文化交往等，不但形成了世界性的物质生产，而且形成了世界性的精神生产。过去那种地方的和民族的自给自足和闭关自守的状态，由此被各民族的各方面的相互往来和各方面的相互依赖所代替了，世界形成为一个统一的整体，历史转变为世界历史。

马克思和恩格斯指出：“历史向世界历史的转变，不是

① 《马克思恩格斯选集》第1卷，人民出版社1995年版，第88页。

‘自我意识’、世界精神或者某个形而上学怪影的某种纯粹的抽象行动，而是完全物质的、可以通过经验证明的行动，每一个过着实际生活的、需要吃、喝、穿的个人都可以证明这种行动。”①

资产阶级首次开创了世界历史。马克思和恩格斯认为，由于资本主义生产方式的发展，“人们的**世界历史性的**而不是地域性的存在同时已经是经验的存在了”②。他举例说：“如果在英国发明了一种机器，它夺走了印度和中国的无数劳动者的饭碗，并引起这些国家的整个生存形式的改变，那么，这个发明便成为一个世界历史性的事实；同样，砂糖和咖啡是这样来表明自己在 19 世纪具有的世界历史意义的：拿破仑的大陆体系所引起的这两种产品的匮乏推动了德国人起来反抗拿破仑，从而就成为光荣的 1813 年解放战争的现实基础。”③

第二，人的存在也日益成为世界历史性的存在。世界历史的发展打破了民族和地域界线，促进了人类活动时空范围的扩大。在自然经济时代，人类世代被维系在狭小的土地之中，活动领域封闭和单调。社会化大生产的出现，实现了社会生活领域的重大变革。国内市场不再能够满足社会化大生产的需求，而必须不断开辟广阔的世界市场。因而，每个国家、民族之间的联系日益紧密，人类突破了原有社会生活的时空限制，走向新的世界性交流和融合。正如马克思所说：“单个人随着自己的活动扩大为世界历史性的活动，……受到日益扩大的、归根

---

① 《马克思恩格斯选集》第 1 卷，人民出版社 1995 年版，第 89 页。
② 《马克思恩格斯选集》第 1 卷，人民出版社 1995 年版，第 86 页。
③ 《马克思恩格斯选集》第 1 卷，人民出版社 1995 年版，第 89 页。

结底表现为**世界市场**的力量的支配。”人类只有摆脱了自然经济条件下的封闭，走向世界历史的广阔时空联系，才能实现真正的解放和全面自由发展。“地域性的个人为**世界历史性的**、经验上普遍的个人所代替。”①

世界市场，指能够对世界范围生产的产品进行交换的场所以及能在世界范围交换产品的领域。在奴隶社会和封建社会，不同国家和地区之间的贸易已经萌发并不断发展。15—16 世纪的地理大发现和东西方航道的开辟为世界市场的形成准备了地理条件，而 18—19 世纪工业革命为世界范围的商品交换提供了生产基础和交通工具。世界市场的形成加速了世界历史的发展和世界一体化的进程。

世界历史的发展推动了人的能力和素质的提升。“只有这样，单个人才能摆脱种种民族局限和地域局限而同整个世界的生产（也同精神的生产）发生实际联系，才能获得利用全球的这种全面的生产（人们的创造）的能力。”②

人的解放与世界历史的发展也息息相关。“无产阶级只有**在世界历史意义上**才能存在，就像共产主义——它的事业——只有作为‘世界历史性的’存在才有可能实现一样。而各个人的世界历史性的存在，也就是与世界历史直接相联系的各个人的存在。”所以，“每一个单个人的解放的程度是与历史完全转变为世界历史的程度一致的”。③

第三，普遍交往促进了世界历史的形成和发展。普遍交往

---

① 《马克思恩格斯选集》第 1 卷，人民出版社 1995 年版，第 89、86 页。
② 《马克思恩格斯选集》第 1 卷，人民出版社 1995 年版，第 89 页。
③ 《马克思恩格斯选集》第 1 卷，人民出版社 1995 年版，第 87、89 页。

指随着生产力的发展而形成的多层次、多领域的广泛交往。从交往的内容来说，它包括物质交往、精神交往、社会交往、人员交往等；从交往的广度来说，它把每一个个人、每一个民族都纳入广泛的交往范围内，形成世界性的交往；从交往的深度来说，它打破了自然经济状态下人与人之间的狭隘关系，消除了人与人之间关系的片面性。马克思和恩格斯把在生产力普遍发展基础上形成起来的普遍交往看作是实现共产主义的必要条件。只有通过普遍交往，世界各民族才认识到他们之间的相互依赖关系，狭隘的地域性个人才能为世界历史性的真正个人所代替。

世界历史的形成推动了“普遍交往”的发展。世界历史是伴随着大工业的兴起而不断发展的。大工业“首次开创了世界历史，因为它使每个文明国家以及这些国家中的每一个人的需要的满足都依赖于整个世界，因为它消灭了各国以往自然形成的闭关自守的状态”。大工业的发展实行的是最为广泛的分工，这种分工不仅大大扩大和发展了原有的社会分工，而且促成了最广泛的世界分工和全球分工的诞生。这种分工使得人类的交往日益紧密，形成了世界性的普遍交往。“各个人的世界历史性的存在，也就是与世界历史直接相联系的各个人的存在。”这种普遍交往的发展，反过来又使得生产力的发展日益具有全球关联性：“某一个地域创造出来的生产力，特别是发明，在往后的发展中是否会失传，完全取决于交往扩展的情况。”“只有当交往成为世界交往并且以大工业为基础的时候，只有当一切民族都卷入竞争斗争的时候，保持已创造出来的生产力才有了保障。”①

世界历史不是指一般意义上的整个人类的历史发展过程，而是相对于相互分裂的民族历史与地域历史而言，是指各民族国家由于普遍交往，整个世界开始形成为相互依存的统一的历史，即世界整体化的历史。就是说，在马克思的视野中，历史有两个层次：一个是民族的、地域性的历史，另一个是世界性的、整体性的历史。在第一个层次上，例如，德国人的事情“仅仅是德国人**本民族**的事情，而且对德国来说也只有**地域性**的意义”②；而在第二个层次上，历史就由民族的历史向世界历史转变。

（二）共产主义理论

马克思在《德意志意识形态》中，以唯物史观的立场和方法对共产主义理论进行了理论阐述。他指出，共产主义已不是一种道德要求和人为方案，而是建立在深刻认识社会发展规律之上的科学。共产主义在社会经济形态的发展中有其现实基础。马克思在《1844 年经济学哲学手稿》中自称人道主义者，认为共产主义是通过私有财产的扬弃而表现出来的人道主义，在《德意志意识形态》中，马克思、恩格斯自称共产主义者，并从历史唯物主义的基本原理出发，分析了资本主义的历史发展，论证了资本主义灭亡和共产主义胜利的历史必然性。

第一，共产主义是消灭资本主义私有制的现实的运动。对

① 《马克思恩格斯选集》第 1 卷，人民出版社 1995 年版，第 114、87、107、108 页。

② 《马克思恩格斯选集》第 1 卷，人民出版社 1995 年版，第 94 页。

于这一点，马克思和恩格斯做了大量论述："现存社会制度被共产主义革命所推翻（下面还要谈到这一点）以及与这一革命具有同等意义的私有制的消灭"，"但随着基础即随着私有制的消灭，随着对生产实行共产主义的调节以及这种调节所带来的人们对于自己产品的异己关系的消灭，供求关系的威力也将消失，人们将使交换、生产及他们发生相互关系的方式重新受自己的支配"。"共产主义对我们来说不是应当确立的**状况**，不是现实应当与之相适应的**理想**。我们所称为共产主义的是那种消灭现存状况的**现实的**运动。这个运动的条件是由现有的前提产生的。""实际上，而且对**实践的**唯物主义者即**共产主义者**来说，全部问题都在于使现存世界革命化，实际地反对并改变现存的事物。"①

第二，共产主义的发展和实现需要建立在一定的物质基础之上。"共产主义和所有过去的运动不同的地方在于：它推翻一切旧的生产关系和交往关系的基础，并且第一次自觉地把一切自发形成的前提看作是前人的创造，消除这些前提的自发性，使它们受联合起来的个人的支配。因此，建立共产主义实质上具有经济的性质，这就是为这种联合创造各种物质条件，把现存的条件变成联合的条件。共产主义所造成的存在状况，正是这样一种现实基础，它使一切不依赖于个人而存在的状况不可能发生，因为这种存在状况只不过是各个人之间迄今为止的交往的产物。这样，共产主义者实际上把迄今为止的生产和交往所产生的条件看作无机的条件。""如果还没有具备这些实

① 《马克思恩格斯选集》第1卷，人民出版社1995年版，第89、87、75页。

行全面变革的物质因素，就是说，一方面还没有一定的生产力，另一方面还没有形成不仅反抗旧社会的个别条件，而且反抗旧的‘生活生产’本身、反抗旧社会所依据的‘总和活动’的革命群众，那么，正如共产主义的历史所证明的，尽管这种变革的观念已经表述过千百次，但这对于实际发展没有任何意义。”

忽视实现共产主义的物质条件，就会像费尔巴哈一样，陷入唯心主义的境地。“正是在共产主义的唯物主义者看到改造工业和社会结构的必要性和条件的地方，他（费尔巴哈——引者注）却重新陷入唯心主义。”“人们是互相需要的，而且**过去一直**是互相**需要**的。他（费尔巴哈——引者注）希望确立对这一事实的理解，也就是说，和其他的理论家一样，他只是希望确立对**存在的**事实的正确理解，然而一个真正的共产主义者的任务却在于推翻这种现存的东西。”①

第三，共产主义的实现需要阶级基础。资本主义大工业的发展，不仅创造了资本主义灭亡的物质条件，而且创造了埋葬资本主义的阶级基础——无产阶级。无产阶级的经济地位决定了它是最革命、最先进的阶级，是进行共产主义革命的物质力量。“大工业却创造了这样一个阶级，这个阶级在所有的民族中都具有同样的利益，在它那里民族独特性已经消灭，这是一个真正同整个旧世界脱离而同时又与之对立的阶级。”“这种阶级形成全体社会成员中的大多数，从这个阶级中产生出必须实

---

① 《马克思恩格斯选集》第1卷，人民出版社1995年版，第122、93、78、96—97页。

行彻底革命的意识，即共产主义的意识。”

正是由于生产力的发展、资本主义大工业的发展，为共产主义取代资本主义提供了物质基础，同时也产生了消灭资本主义的阶级基础，无产阶级“为了实现自己的个性，就应当消灭他们迄今面临的生存条件，消灭这个同时也是整个迄今为止的社会的生存条件，即消灭劳动。因此，他们也就同社会的各个人迄今借以表现为一个整体的那种形式即同国家处于直接的对立中，他们应当推翻国家，使自己的个性得以实现”。最终，共产主义将消灭劳动：“迄今为止的一切革命始终没有触动活动的性质，始终不过是按另外的方式分配这种活动，不过是在另一些人中间重新分配劳动，而共产主义革命则针对活动迄今具有的性质，消灭劳动。”①

第四，共产主义只是在世界历史发展的意义上才能存在。世界历史发展决定着共产主义的实现。共产主义的本质特征是全人类的解放，而非某一国家、某一阶级或某一民族的解放。共产主义的解放，依赖于每一个个体的解放，而“每一个单个人的解放的程度是与历史完全转变为世界历史的程度一致的”。这是因为，在世界历史的进程中，每一个个体都会成为世界历史进程中的个体：“地域性的个人为**世界历史性的**、经验上普遍的个人所代替。”随着世界历史的发展，一方面，世界性无产阶级的诞生，为资本主义的消亡准备了“掘墓人”；另一方面，世界历史发展导致了劳资关系的进一步对立，而要从根本

① 《马克思恩格斯选集》第1卷，人民出版社1995年版，第115、90、121、90—91页。

上消除这种对立，客观上要求共产主义革命的实现，最终实现人类解放和人的自由全面发展。

马克思在文中也批判了“只能作为某种地域性的东西而存在”的共产主义。共产主义“只有作为‘世界历史性的’存在才有可能实现”①。

马克思和恩格斯在《德意志意识形态》中还阐述了无产阶级革命只有在一切先进的资本主义国家同时发生才能取得胜利的思想，“共产主义只有作为占统治地位的各民族‘一下子’同时发生的行动，在经验上才是可能的”②。这一思想，恩格斯在1847年所写的《共产主义原理》中作了明确的表述。1850年，马克思和恩格斯已经预见到美国将发展成资本主义世界最大的经济强国，并认为欧洲要不陷入对美国的依附地位，唯一的条件就是同时进行社会革命。在这以后，他们再没有重提无产阶级革命同时发生的设想。

第五，共产主义社会使人的个性得到解放，成为全面发展的人。马克思和恩格斯指出：“在共产主义社会里，任何人都没有特殊的活动范围，而是都可以在任何部门内发展，社会调节着整个生产，因而使我有可能随自己的兴趣今天干这事，明天干那事，上午打猎，下午捕鱼，傍晚从事畜牧，晚饭后从事批判，这样就不会使我老是一个猎人、渔夫、牧人或批判者。”③“在共产主义社会中，即在个人的独创的和自由的发展不再是一句空话的唯一的社会中，这种发展正是取决于个人间

① 《马克思恩格斯选集》第1卷，人民出版社1995年版，第89、86、87页。
② 《马克思恩格斯选集》第1卷，人民出版社1995年版，第86页。
③ 《马克思恩格斯选集》第1卷，人民出版社1995年版，第85页。

的联系，而这种个人间的联系则表现在下列三个方面，即经济前提，一切人的自由发展的必要的团结一致以及在现有生产力基础上的个人的共同活动方式。”①

（三）意识形态理论

1801 年前后，法国哲学家特拉西写了《意识形态原理》一书，首先提出了“意识形态”这个术语，在法语中，“ideologie”字面上的意思是“观念科学”。特拉西出生于具有苏格兰血统的贵族家庭，青年时期就读于斯特拉斯堡大学，他是改革君主政府的积极支持者。大革命恐怖时期被监禁，出狱后在他周围形成了一个“意识形态家”团体。特拉西赋予“意识形态”两个意义：一是哲学认识论上的意义，即认为人的感觉是一切观念的可靠基础，通过对传统意识和知识体系做直接的感觉的还原检验，可以澄清和避免种种错误和虚假的观念。二是政治实践上的意义，即认为通过感觉的还原检验可以得到一套有根据的真实可靠的观念，在其基础上如果建立起一种国民教育制度，向人民灌输这些观念，就能够将法国变成理性和科学的社会。他们的学说把对个人自由的信念和精心设计的国家计划纲领结合起来，因此曾一度成为法兰西共和国的法定学说。拿破仑起初支持特拉西及其同伙，但不久就转而反对他们，并且于 1812 年 12 月将法国军事上的失利归咎于“意识形态”的影响。因此，从那时起，意识形态一词不仅在法国而且在德、英、意等国，都兼有褒贬双重含义。

① 《马克思恩格斯全集》第 3 卷，人民出版社 1960 年版，第 516 页。

从一般意义上讲，意识形态是与一定社会的经济和政治直接相联系的观念、观点、概念的总和，包括政治法律思想、道德、文学艺术、宗教、哲学和其他社会科学等意识形式。意识形态的内容，是社会的经济基础和政治制度和人与人的经济关系和政治关系的反映。意识形态的各种形式起源于以生产劳动为基础的社会物质生活。随着经济基础的变化而变化，政治思想、法律思想、道德、艺术、宗教、哲学和其他社会科学等，各以特殊的方式，从不同侧面反映现实的社会生活。它们相互联系，相互制约，构成意识形态的有机整体。

在《德意志意识形态》中，马克思和恩格斯是在不同的层次上使用这个概念的：其一，是“德意志意识形态”，它指的是“以费尔巴哈、布鲁诺·鲍威尔和施蒂纳为代表的最近的德国哲学和以其不同的先知为代表的德国社会主义”。其二，是一般的“意识形态”，它是指阶级社会中的统治阶级借以维护自己统治的思想体系，即“观念的上层建筑”。

马克思和恩格斯从唯物史观分析了“意识形态”形成的原因和特征。关于意识形态的形成过程，马克思、恩格斯认为：“意识起初只是对**直接的**可感知的环境的一种意识，是对处于开始意识到自身的个人之外的其他人和其他物的狭隘联系的一种意识。同时，它也是对自然界的一种意识。”后来，随着社会生产力的发展、特别是以“物质劳动和精神劳动分离”为标志的真正意义上的分工的形成，“从这时候起意识**才能**现实地想象：它是和现存实践的意识不同的某种东西；它不用想象某种现实的东西就能**现实地**想象某种东西。从这时候起，意识才能摆脱世界而去构造‘纯粹的’理论、神学、哲学、道德等等”①。

第一，在私有制条件下，“统治阶级的思想在每一时代都是占统治地位的思想”，意识形态不过是“以思想的形式表现出来的占统治地位的物质关系”，是统治阶级为本阶级利益和统治进行合法性论证和辩护的观念体系。“一部分人是作为该阶级的思想家出现的，他们是这一阶级的积极的、有概括能力的玄想家，他们把编造这一阶级关于自身的幻想当作主要的谋生之道。”②

第二，造就意识形态这种虚假意识的认识论根源是长期存在的唯心史观。“在**通常的**意识中事情被本末倒置了。”“**玄想家使一切本末倒置**。”③

第三，意识形态的真实根源是社会的经济生活，它不过是对社会的经济生活的一种颠倒的反映。“如果在全部意识形态中，人们和他们的关系就像在照相机中一样是倒立呈像的，那么这种现象也是从人们生活的历史过程中产生的，正如物体在视网膜上的倒影是直接从人们生活的生理过程中产生的一样。”“道德、宗教、形而上学和其他意识形态，以及与它们相适应的意识形式便不再保留独立性的外观了。它们没有历史，没有发展。”④

《德意志意识形态》还讨论了意识形态的阶级性。马克思、

① 《马克思恩格斯选集》第1卷，人民出版社1995年版，第81、82页。
② 《马克思恩格斯选集》第1卷，人民出版社1995年版，第98、99页。
③ 《马克思恩格斯选集》第1卷，人民出版社1995年版，第135、134页。
④ 《马克思恩格斯选集》第1卷，人民出版社1995年版，第72、73页。

恩格斯对意识形态的研究，贯穿在他们一生的理论活动中，他们始终将意识形态看作是“阶级意识”，但是在理论的分析上，却是从两个层面展开的：

第一个层面，是对意识形态阶级性的特殊层面即剥削阶级意识形态本质的分析，在这个层面上，他们对意识形态是持批判态度的。

第二个层面，是对意识形态阶级性的普遍层面即一切阶级意识形态本质的分析，在这个层面上，他们对意识形态是持客观的历史“还原”态度的。

意识形态批判理论是马克思社会批判理论的重要内容，在《德意志意识形态》里，马克思、恩格斯虽然照顾当时论战的语境，主要在“虚假的观念体系”含义上使用“意识形态”一词，但即便在这个意义上也有他们自己的独特用法。他们反复指出，德国哲学是从“天上到地上”，而我们则要从地上（即从现实的基础）出发。因此，这里所说的“意识形态”的虚假性的基本规定无疑指其“颠倒性”，就是说，它根本颠倒了存在和意识、生活和观念的关系，不是从生产、生活和实践出发，而是从幻想的观念出发，甚至以观念代替现实。很显然，这里所说的“假”，主要指其没有把观念摆在适当的位置上，以致从根本上混淆了主宾、本末、头足。这种规定本身无疑地含有价值上的否定意义，但是，这里并没有涉及这些思想观念的内容本身之正误、真假问题，因此，不能简单地把意识形态的虚假性等同于“错误的观念”。相反，意识形态的颠倒性源于社会存在，故而对于其颠倒性的批判必然导致对于现实社会的批判，并最终导致对于现实社会的实践批判。因而，马克思所要首先完成的便是揭示出资本主义意识形态“颠倒”的现实原因及其形成过程，只有这样，马克思才能自觉地将自己的理论同各种资产阶级意识对峙起来。

具体来说，马克思和恩格斯是通过对资产阶级意识形态三重“颠倒”的分析来完成的，即社会生活中的颠倒，日常观念的颠倒与思想体系的颠倒，只有从对社会生活本身“颠倒”性的批判出发，才能认清资本主义意识形态的现实定位。

第一，社会生活本身的“颠倒”性，马克思从两个方面进行了分析：

一是经济生产过程的“颠倒”性。在资本主义社会，社会关系适应社会生产力发展的正常社会发展过程被“颠倒”了。这种颠倒通过无产阶级与资产阶级的对立而表现出来，资产阶级成为主人，无产阶级成为被支配的奴隶，而资产阶级用来支配无产阶级的生产资料与生产工具，又是无产阶级过去劳动的结果，因此在资本主义社会物质生产过程中，生产力与生产关系的内在矛盾，实际上也是资本对劳动的奴役，是“死劳动”支配了“活劳动”，这是劳动过程本身的颠倒。这种劳动过程本身的颠倒，既是现实生活中无产阶级的自我颠倒，也是资产阶级同无产阶级关系的颠倒。

二是商品交换的“颠倒”性。在资本主义社会，交换成为目的本身，交换价值而非使用价值成为资本家真正关心的东西。在交换过程中，首先是体现物品特性的使用价值抽象化，然后是这一抽象过程的形式化，最后是生产物品的人的抽象物化，人和人之间的关系可以通过量的关系加以比较与计量，而且可以通过抽象物以量化的形式表现出来，这种抽象物便是货币。人被货币所决定，这正是由商品交换过程的“颠倒”性所决定的。

第二，社会生活过程中的“颠倒”，带来了日常生活中观念的“颠倒”性反映，这就是“拜物教”意识。这种拜物教意识的产生，是现实经济生活过程的真实反映。马克思具体分析了资本主义社会中的商品拜物教、货币拜物教和资本拜物教，并认为，从商品拜物教到货币拜物教再到资本拜物教的逻辑递升是一个自然过程，最终，资本拜物教成为拜物教意识的核心，它完成了对资本主义社会合理性的日常观念层面的论证。

第三，思想体系的“颠倒”性。在马克思看来，实际上是以“颠倒”的方式重新论证了自己所要反对的内容，即对资本主义的批判恰恰论证了资本主义的合理性。黑格尔、费尔巴哈、蒲鲁东等人正是这种思想体系“颠倒”性的代表。而马克思意识形态批判理论的最终落脚点正在于对这种思想体系“颠倒”性的批判。

黑格尔想通过国家理性来完成对资本主义社会的批判改造，体现的是对现实社会的批判性。但黑格尔哲学的这一批判性的思考，又恰恰系统地论证了资本主义社会的现实合理性，这种论证是通过“颠倒”的形式折射出来的。按照黑格尔的观点，国家决定市民社会，而在现实的社会生活中，国家的性质却是以财产所有制为前提的，国家决定市民社会实质上成为财产所有者维护利益的工具。费尔巴哈哲学也是如此，他自以为超越了黑格尔哲学的立场，但实际上，费尔巴哈也只是“颠倒”地折射出资本主义意识形态的理论本质。费尔巴哈通过对象化理论，对黑格尔哲学进行了自然唯物主义的颠倒，把哲学的本质规定为人本学，并提倡从人的类本质出发，建构一种未来哲学。实际上这种本质只是人与人之间的外在联结关系，也就是说，费尔巴哈讲人的时候，实际上讲的是资本主义市民社会中原子式的个人。费尔巴哈的立足点，只能是市民社会，这决定了费尔巴哈哲学并不能超越资本主义意识形态的立场。

除了“虚假的观念体系”外，《德意志意识形态》一书中所说的意识形态的含义还指统治阶级的思想，也就是占统治地位的思想，因而它必定构成现存社会制度和社会关系的一部分。马克思、恩格斯认为：“支配着物质生产资料的阶级，同时也支配着精神生产资料，因此，那些没有精神生产资料的人的思想，一般地是隶属于这个阶级的。占统治地位的思想不过是占统治地位的物质关系在观念上的表现，不过是以思想的形式表现出来的占统治地位的物质关系；因而，这就是那些使某一个阶级成为统治阶级的关系在观念上的表现”①，从这方面看，意识形态就谈不上“虚假”，因为它不仅是现存经济关系在观念上的表现，而且其本身就是现存统治关系的组成部分。简单地说，作为统治阶级思想的意识形态，实际上就是“制度化的思想体系”，它作为价值系统发挥作用并使人们认同现存社会制度。把意识形态视为每一个社会的统治思想，实际上是一种较为客观的判断，并不含有价值上的否定意义。

意识形态还可以指革命阶级的阶级意识，亦即每一个领导革命的阶级借以认清使命、团结群众的思想观念及口号，因而它又必定是每一种革命得以成功的舆论基础。马克思、恩格斯

---

① 《马克思恩格斯选集》第1卷，人民出版社1995年版，第98页。

就此指出："每一个企图取代旧统治阶级的新阶级，为了达到自己的目的不得不把自己的利益说成是社会全体成员的共同利益，就是说，这在观念上的表达就是：赋予自己的思想以普遍性的形式，把它们描绘成唯一合乎理性的、有普遍意义的思想。"必须看到，这种把自己的思想和要求描绘成全社会的要求的做法绝不仅仅是一种宣传伎俩。革命阶级的革命思想能够以社会代表的名义动员群众，向旧社会宣战，是有其客观原因的。"它之所以能这样做，是因为它的利益在开始时的确同其余一切非统治阶级的共同利益还有更多的联系，在当时存在的那些关系的压力下还不能够发展为特殊阶级的特殊利益。"① 因此，无产阶级革命和其他阶级革命的区别，并不在于它不需要意识形态，不需要以全社会的唯一代表的面目出现，而在于它的阶级利益确实是人类根本利益的体现，因而不仅在革命时期，而且在革命以后都能保持同其他群众共同利益的密切联系。

既然革命意识形态总是同人类的普遍利益或共同利益相联系的，因而其变化发展也就有一定的规律性。首先，"一定时代的革命思想的存在是以革命阶级的存在为前提的"，而革命阶级存在的前提则是新的生产方式的产生。因此，解放生产力、调整代表新的生产方式的阶级的相应社会关系就成为任何革命意识形态的绝对要求。而因为无论在何种生产方式中，劳动者都是基本的生产力，因而任何革命都要有群众的参与，而任何革命意识形态的力量总在于能够得到群众的拥护，唤起群

① 《马克思恩格斯选集》第1卷，人民出版社1995年版，第100页。

众的历史主动性。其次，正因为革命意识形态与革命阶级和新的生产方式存在这种内在联系，而由于现代生产力的不断社会化和全球化是绝对的趋势，人类社会分裂为阶级后其共同利益的弱化趋势也必将被扭转并重新得以实现，表现在革命意识形态上，就是革命的观念越来越具有人类性和普遍性，其总趋势是从解放劳动者到劳动者的解放，从部分人的解放到"人类解放"。然而，一旦人类普遍利益真正成为现实，意识形态的虚幻性也就不复存在了。"只要不再有必要把特殊利益说成是普遍利益，或者把'普遍的东西'说成是占统治地位的东西，那么，一定阶级的统治似乎只是某种思想的统治这整个假象当然就会自行消失。"①

（四）市民社会理论

市民社会是 18 世纪资产阶级经济学家、历史学家和哲学家经常使用的概念。随着近代资产阶级的兴起，经济关系及其设施逐渐摆脱了古代的和中世纪的政治共同体而具有独立的意义。与此相应，当时的资产阶级思想家用"市民社会"这个术语来表示当时社会生活中的经济关系和财产关系，从而与表示国家和法律等政治关系的"政治社会"相对应。马克思和恩格斯在他们的早期著作中使用过这一术语，指的是当时社会的财产关系，有时也特指资产阶级社会。例如，《黑格尔法哲学批判》中的"市民社会"指的就是决定国家的社会财产关系，但对市民社会的内在本质和结构没有做出科学分析。在《德意志

① 《马克思恩格斯选集》第 1 卷，人民出版社 1995 年版，第 99、101 页。

意识形态》中，市民社会的含义不止一种，主要指的是一个社会的经济结构，是政治形式或意识形态的对立物，又是其基础。

在《德意志意识形态》中，马克思和恩格斯认为，市民社会是“全部历史的真正发源地和舞台”，“在一切时代都构成国家的基础以及任何其他的观念的上层建筑的基础”①。这里的市民社会指的是与上层建筑对立的经济基础，是整个人类社会和一切发展阶段的真正起源和基础，主要是指人们在生产、交换、分配、消费等领域中形成的经济关系，以及由此而形成和发展起来的社会组织。市民社会之所以成为历史的发源地，是因为在人类社会一开始，为了进行生产，抵御自然的强大威力，人们之间不得不形成一定的社会组织和社会经济关系，尽管此时更多地还是表现为血缘组织和血缘关系，但人类社会的历史却正是从这里开始的。在这样的社会组织和社会经济关系中，人们进行着创造财富和改造社会的活动。市民社会之所以成为历史的舞台，是因为任何一个社会的政治形态、意识形态都是以社会的经济关系以及由此形成的社会组织为现实基础的。随着生产力的变化，社会的分工、职业结构、群体结构、阶级关系和经济关系都会随之发生变化，而随着社会经济关系、社会组织结构的变化，国家和观念意识形态等上层建筑也会随之发生变化。历史进程中所发生的国家政权变革、意识形态的变化都是以市民社会为现实基础进行的，从这个基础上可以说明它们的发生和发展过程。

---

① 《马克思恩格斯选集》第1卷，人民出版社1995年版，第131页。

在《德意志意识形态》中，马克思对市民社会的理解又带有双重含义。首先，是广义的市民社会概念。这一概念基本等同于后来的经济基础的含义："在过去一切历史阶段上受生产力制约同时又制约生产力的交往形式，就是**市民社会**。""市民社会是全部历史的真正发源地和舞台，可以看出过去那种轻视现实关系而局限于言过其实的历史事件的历史观何等荒谬。""这种历史观就在于：从直接生活的物质生产出发阐述现实的生产过程，把同这种生产方式相联系的、它所产生的交往形式即各个不同阶段上的市民社会理解为整个历史的基础，从市民社会作为国家的活动描述市民社会，同时从市民社会出发阐明意识的所有各种不同理论的产物和形式，如宗教、哲学、道德等等，而且追溯它们产生的过程。"① "这种历史观"指的正是唯物史观（历史唯物主义）。其次，是狭义的市民社会概念。马克思同时指出"真正的市民社会只是随同资产阶级发展起来的"。这里的"真正的市民社会"实际上指的是资产阶级社会。这也是生发出狭义市民社会概念的逻辑起点。

（五）分工理论

在人类社会中，分工有着其独特的含义。在《1844 年经济学哲学手稿中》，马克思对分工问题就进行了关注和研究，当时他是从人的类活动的异化的角度来理解分工的："**分工**是关于异化范围内的**劳动社会性**的国民经济学用语。换言之，因为**劳动**不过是人的活动在外化范围内的表现，不过是作为生命

① 《马克思恩格斯选集》第 1 卷，人民出版社 1995 年版，第 87—88、92 页。

外化的生命表现，所以**分工**也无非是人的活动作为**真正类活动**——或**作为类存在物**的**人的活动**——的**异化的**、**外化的**设定。”[①] 而在《德意志意识形态》中，马克思、恩格斯是在唯物史观的基础上来解读分工。“分工起初只是性行为方面的分工，后来是由于天赋（例如体力）、需要、偶然性等等才自发地或‘自然形成’分工。分工只是从物质劳动和精神劳动分离的时候起才真正成为分工。”[②] 在这里，马克思和恩格斯对分工进行了一个划分：一是起源于人类天性和天赋等偶然因素形成的自然性分工。二是随着生产力的发展而产生的社会性分工。

第一，生产力发展水平表现在分工的发展程度上。在《德意志意识形态》中，马克思和恩格斯指出，生产力和分工是相互制约和相互促进的。一方面，生产力的发展必然会产生新的生产工具、新的工艺和新的生产部门，即必然会引起分工的发展；另一方面，分工的发展又会进一步促进生产力的发展。从分工的发展程度上可以看出生产力的发展水平。这是因为，首先，分工标志着生产技术构成的变化，标志着生产工具功能的分化和专业化。生产工具的功能分化和专业化表明单个生产工具处理对象的功能和水平越来越高，一系列生产工具的组合则表现为整个工具系统加工、改造外部对象的能力有了明显提高。因此，生产工具的分化、精确化体现了人改造对象能力的提高，即生产力发展水平有了提高。其次，从生产力的主体方面来说，分工的发展表明作为生产力主体的个人在生产中的活

---

① 《马克思恩格斯全集》第 42 卷，人民出版社 1979 年版，第 144 页。

② 《马克思恩格斯选集》第 1 卷，人民出版社 1995 年版，第 82 页。

动范围越来越小，从事的活动的种类越来越少，仅仅从事生产过程中某个极细微的环节中的一项工作。这就可能充分地发挥主体在某方面的技能和特长，使生产过程中的这一环节处于最佳状况。不仅如此，生产者还可以在这一极有限的范围内提高工艺水平和自己从事这一活动的能力，极大地提高使用工具的效率。从整个生产过程来说，由于分工和劳动者技能的提高，生产的小轮车也会得到极大的提高，从而推动生产力的发展。因而，“一个民族的生产力发展的水平，最明显地表现于该民族分工的发展程度”①。

人类历史上最初的分工是“自然形成”的分工。在原始社会里，由于生产力极端低下，人们不得不从事共同劳动。但是在共同的劳动中，由于男女以及不同劳动个体在生理上和体力上的差异，又不可能进行同样的劳动，必须存在着对劳动做这样或那样的自发划分，这就是“由于天赋（例如体力）、需要、偶然性等等才自发地或‘自然形成的’分工”，即简单的自然分工。但马克思和恩格斯认为，这种简单的自然分工严格说来还不是“真实的分工”。同时，分工随着生产力的发展会不断改变自己的形式。真正意义上的分工是原始社会后期出现的，“分工只是从物质劳动和精神劳动分离的时候才真正成为分工”。随着生产力的发展，后来又相继出现了农业与畜牧业、手工业与农业以及商业与农业、手工业的分工。因此，生产力是分工产生与发展的基础，对分工起着决定性的作用。

在《德意志意识形态》中，马克思和恩格斯还考察了分工

---

① 《马克思恩格斯选集》第1卷，人民出版社1995年版，第68页。

在历史上的几种存在形态及其运动。首先，最初出现的是原始社会的自然分工，这是指纯粹以地理自然、生理自然为基础发生的分工。马克思和恩格斯指出："这种分工在某种程度上不仅以人本身的自然差别为基础，而且以各个公社所拥有的生产的自然因素为基础。"① 其次，第二阶段的分工是原始社会末期开始的社会分工阶段（或称"旧式分工"）。在这个阶段，生产力的发展使得一种或几种劳动从总劳动中分化出来，形成了劳动的不同领域和不同门类，即完成了两次的社会大分工：农业和畜牧业的分工、手工业和农业的分工。再次，第三阶段的分工是资本主义社会的固定性的专业化分工，这一阶段又称为自发的分工阶段，它的产生标志着分工从宏观世界进入微观世界，是一种特有的创造。在分工的历史上，它起步于封建社会末期，包括了整个资本主义时代。这个阶段在社会大分工方面表现在商业与农业、手工业的分离。最后，马克思和恩格斯就未来社会对固定性分工的否定阶段，即所谓的自觉分工阶段（分工的未来趋势）。在这一阶段中，马克思和恩格斯曾经作过这样的设想：在共产主义社会里，任何人都没有特殊的活动范围，而是都可以在任何部门内发展，社会调节着整个生产，因而个人可以随着自己的心愿今天干这事，明天干那事，上午打猎，下午捕鱼，傍晚从事畜牧，晚饭后进行批判，但并不因此就成为一个猎人、渔夫、牧人或批判者。

第二，分工和私有制是同义语。"分工和私有制是相等的表达方式，对同一件事情，一个是就活动而言，另一个是就活

---

① 《马克思恩格斯全集》第 47 卷，人民出版社 1979 年版，第 312 页。

动的产品而言。”[1] 在《德意志意识形态》中，马克思和恩格斯从三个方面来分析和说明分工与私有制的同一性。首先，分工从一开始就包含着劳动条件、劳动工具和劳动资料的分配。由于各个私有者从事或经营的生产领域不同，他们之间的劳动条件和劳动资源不同，因而他们之间的剩余价值的分配也不同。分工越发达，私人占有之间的差别也越大。其次，分工发展的不同阶段同时也就是所有制的各种不同形式。在分工发展的不同阶段上，由于个人与劳动工具、劳动对象、劳动产品之间的关系不同，个人在生产、分配、交换和消费中的关系也不同，因而他们的占有方式即所有制形式也不同。再次，分工和所有制是对同一事件的两个不同方面的描述。分工是就活动而言的，而私有制是就活动的结果而言的。这就是说，分工使个人使用特定的生产工具，作用于特定的劳动对象，生产特定的产品，这个活动过程本身具有私人的性质。由于个人在生产过程中的地位和作用不同，人们之间的分配，特别是劳动产品的分配也不同，因而私有制随之产生了。

私有制的产生和国家的诞生是一个同步的历史过程。马克思和恩格斯指出：“随着分工的发展也产生了单个人的利益或单个家庭的利益与所有互相交往的个人的共同利益之间的矛盾；……正是由于特殊利益和共同利益之间的这种矛盾，共同利益才采取**国家**这种与实际的单个利益和全体利益相脱离的独立形式，同时采取虚幻的共同体的形式。”[2] 人们正是在社会分

---

① 《马克思恩格斯选集》第1卷，人民出版社1995年版，第84页。

② 《马克思恩格斯选集》第1卷，人民出版社1995年版，第84页。

工的基础上产生了不同的利益集团，即产生了不同的阶级。统治阶级为了维护自己的利益，对其他阶级实行统治，而采取一种“虚幻的共同体的形式”，即国家的形式。

第三，分工会导致人的片面化。分工在使人们专注于不同社会领域的同时，也会导致个人发展的片面化。只要分工还不是出于自愿，分工对于人来说就是一种强制，“那么人本身的活动对人来说就成为一种异己的、同他对立的力量，这种力量压迫着人，而不是人驾驭着这种力量”①。在自然形成的分工条件下，人与人之间通过相互交往而构成的共同活动尽管可以产生一种社会力量，但这种社会力量并非他们自身的联合力量，而是压迫着他们的某种异己的力量。如何利用分工创造的财富解决个人在分工中的片面发展，是现代社会的重要现实问题。社会分工处于不断的发展变化中，随着科学技术和生产力的发展，社会分工呈现出更加复杂化的趋势。但是，当人类脱离了物质生活资料匮乏状态，人的综合素质和劳动技能有了全面发展，闲暇时间扩大、劳动时间缩短时，固定的职业分工将会消灭。

要消除人的发展的片面性，实现人的自由全面发展，必须要消灭强制分工，这是《德意志意识形态》在论述人的自由全面发展问题时一个非常鲜明的观点。马克思、恩格斯指出：“个人力量（关系）由于分工而转化为物的力量这一现象，不能靠人们从头脑里抛开关于这一现象的一般观念的办法来消灭，而是只能靠个人重新驾驭这些物的力量，靠消灭分工的办

① 《马克思恩格斯选集》第1卷，人民出版社1995年版，第85页。

法来消灭。”可见，消灭分工是人的力量得以真正回归的条件，是实现人自由全面发展的前提和基础。但就现阶段来说，社会分工的存在有其必要性。社会如果没有强制性分工，就不会有生产力的发展，不会有消灭这种强制分工的基础，也就不会有共产主义社会的实现及人的自由全面发展。

第三章

历史唯物主义是马克思主义的科学方法论

哲学界围绕马克思主义哲学的特质（或称为核心）的讨论是十分热烈的。其中关于马克思主义哲学的实质究竟是体系还是方法的争论尤为突出，很多学者认为马克思主义哲学应该是一门完整严密的体系哲学，于是便致力于重建符合时代精神的马克思主义哲学新体系，并先后出版了几部有代表性的教材或专著。应当承认，这些学者的研究取得了一定的学术成绩，但总的看来并无理论上的实质性突破性进展。从一个方面说，如果继续痴迷与建构马克思主义哲学的新体系，从而有意无意回避现实社会实践中的重大而复杂深刻的社会问题，那么我国的马克思主义哲学研究将继续在一个较低水平徘徊。

在开始阐述马克思主义哲学的特质是科学的、革命的方法论——历史辩证法之前，首先必须明确界定“哲学体系”与“体系哲学”这两个异质性的概念。“体系哲学”表面意思就是“建构了体系的哲学”，在学理上将其界定为“建构了某种终级真理体系的哲学”；而“哲学体系”表面意思是指“哲学所具有的体系”，学理上界定为“哲学内容的逻辑结构”，指的是范畴之间的规律性联系。这样一来两个概念的异质性就一目了然了。关于这一点将在后面做进一步的分析。

马克思主义哲学革命的实质与核心不在于它用一种新的哲学理念与理论体系来取代近代形而上学的体系哲学，而在于研究现实问题的过程中排除旧哲学的影响，使哲学变成了研究现实社会历史问题的科学的革命的方法论，从而冲破了体系哲学的牢笼，这是从体系哲学到科学的、革命的方法论的伟大变革。

一、黑格尔建立的哲学史上最庞大的体系哲学及其理论缺陷

在近代欧洲，人们认为一种理论是否科学要以它的体系是否具有完整性和严密性来衡量，因而任何理论追求的目标都是力求建立终结某一学科的绝对真理式的体系，而这样的体系一旦建立，往往就成为现成的教条和公式。

在这样的理论背景下，黑格尔哲学应运而生。黑格尔建立了历史上最庞大、最全面的体系哲学，他把历史上所有的哲学体系都作为自己庞大体系哲学中的一个个构成环节。他特别注意吸收康德、费希特和谢林的成果，建立了集大成的体系哲学，他认为这一体系就是真理的全体，哲学史终结于他的哲学。黑格尔认为他的体系哲学的绝对正确性不是依赖于一个起点，而是存在于从起点到终点的发展的全过程，并且设定“绝对观念”作为其整个体系的起点和终点，这个过程是一个由贫乏到丰富、由低级到高级、由片面到全面的发展过程，庞大的体系哲学就是通过这样的动态过程被建构出来的。当体系哲学

达到了它的最终结论，它也就最终证明了自身的绝对真理。

对于黑格尔的这种绝对真理式的体系哲学，恩格斯在《路德维希·费尔巴哈和德国古典哲学的终结》中对其进行了深入的分析和批判：黑格尔“不得不去建立一个体系，而按照传统的要求，哲学体系是一定要以某种绝对真理来完成的。所以，黑格尔，特别是在《逻辑学》中，虽然如此强调这种永恒真理不过是逻辑的或历史的过程本身，他还是觉得自己不得不给这个过程一个终点，因为他总得在某个地方结束他的体系。……这样一来，黑格尔体系的全部教条内容就被宣布为绝对真理，这同他那消除一切教条东西的辩证方法是矛盾的；这样一来，革命的方面就被过分茂密的保守的方法所窒息”①。由此可见，恩格斯是在建构了终级真理体系的意义上称黑格尔哲学为体系哲学，并且指出了这一体系哲学中存在着一个理论上的矛盾之处：即形而上学的体系与辩证法的方法论之间的矛盾，也即体系与方法的对峙。具体地说，“方法”体现在黑格尔的辩证法之中，黑格尔认为事物发展的每一种形式都是对前一形式的否定：反题是对正题的否定，合题是对反题的否定；而当合题表现为正题时，它立即又会被更高一级的反题所否定——如此螺旋式上升，直至达到终极目标。黑格尔这样评价自己所创立的辩证法原则：“对于这一原则而言，没有东西是永恒不变的，没有东西是绝对神圣的，而且这否定原则能够冒一切事物的任何危险并承担一切事物的任何损失。”② 因此，按照辩证法的本

---

① 《马克思恩格斯选集》第4卷，人民出版社1995年版，第217—218页。

② 〔德〕黑格尔著，贺麟、王玖兴译：《精神现象学》上卷，商务印书馆1979年版，第257页。

质，不论是在认识领域还是在历史领域，都不存在最终的绝对真理与永恒的理想王国，一切都处在运动变化之中，这种辩证方法正是黑格尔哲学的巨大优点所在。但作为建构庞大的形而上学的体系哲学，黑格尔又不得不为事物的发展设定一个终点，不得不把自己的哲学看作绝对真理。正是这种体系与方法的对立，使黑格尔的体系终结了辩证法——当他不能把辩证法的否定原则应用于自身的绝对真理的体系时，他的体系也就走向了辩证法的反面，最终被历史的辩证法无情地否定了。在黑格尔去世后不久，黑格尔学派迅速分化为正统保守的老年黑格尔派和激进的青年黑格尔派，前者重视的往往是黑格尔体系哲学中的垃圾，而对其辩证法精华置若罔闻，因而学术观点极端保守；后者不同程度地接受了黑格尔的革命的批判的辩证法，形成反对宗教和专制制度的哲学——政治联盟。从更深一层来分析黑格尔解体的原因就在于虽然他通过辩证法宣布了绝对真理的不可能，但依然无法抗拒体系化的影响，不得不去建立一个绝对真理式的严密体系。

黑格尔哲学的结局宣告了绝对真理的体系哲学的最后破产，此后，一切伟大思想的价值已不在于是否具有最高的真理性，而在于开辟进一步认识真理的道路。可以看出，以黑格尔为代表的旧的体系哲学总想从一个永恒不变的终极真理出发来规范现存的世界秩序，因而它最多只是完成了关于现存世界的思想体系，这种体系的自我封闭性又往往意味着它已穷尽了现实历史发展的一切可能性，从而对现存世界的解释变成了对现存世界的辩护。从根本上说，体系哲学所具有的那种形而上学和独断主义特征是当时工业文化发展的产物，是一种资产阶级的意识形态。因此，恩格斯在这样一段话中鲜明地体现了对体系哲学的拒斥和反对：“**体系学**在黑格尔以后就不可能有了。世界表现为一个统一的体系，即一个有联系的整体，这是显而易见的，但是要认识这个体系，必须先认识**整个**自然界和历史，这种认识人们**永远不会**达到。因此，谁要建立体系，他就只好用**自己的臆造**来填补那无数的空白，也就是说，只好**不合理地**幻想、玄想。”① 这里恩格斯是说世界固然是一个客观存在的体系，但人们的认识是无止境的，是一个历史的动态过程，一旦哲学体系化，哲学本身就失去了发展的活力，活生生的思想内容就变成了一套固定不变的绝对真理式的话语，导致认识越来越落后于时代的脚步。

正如美国著名的马克思主义文化批评家杰姆逊所说的那样：“理论出现于伟大哲学体系的终结点。”在黑格尔庞大体系哲学终结之后，以科学的、革命的方法论——历史辩证法为特质和核心的马克思主义哲学开始孕育、发展并逐渐成熟。

二、马克思主义哲学是以科学的方法论——历史辩证法而原初出场的

马克思主义哲学的原初出场路径也就是它“从何处来”的问题。在这里明晰地梳理马克思主义哲学的原初出场路径是为了阐述其哲学革命的实质，以说明与体系哲学的异质性。

综观整个马克思历史唯物主义的创立过程，可以发现，从1843年底开始，马克思所关注的就一直是工人阶级的命运以

① 《马克思恩格斯全集》第20卷，人民出版社1971年版，第662—663页。

及现实资本主义社会的内在矛盾及其批判问题。马克思的历史唯物主义就是从这样的理论视域中生发出来的。因此，马克思不是在研究哲学的过程中发展哲学的，而是在研究现实问题的过程中排除旧哲学的影响，并推动新哲学的诞生和发展的。

所以，马克思历史唯物主义的形成明显异质于黑格尔那种以绝对观念为核心的带有强烈思辨形而上学性的体系哲学。在《关于费尔巴哈的提纲》中，马克思就宣布了自己所创立的新哲学所具有的方法论特质："哲学家们只是用不同的方式**解释**世界，而问题在于**改变**世界。"① 马克思无意建构任何仿佛能够最终解释世界的体系哲学，而是紧紧联系无产阶级的根本利益，全身心地关注无产阶级在现存社会秩序中的真实处境和历史命运，把改变资本主义这一旧世界作为自己的基本理论任务，为无产阶级认识和改造现存世界提供科学的、革命的方法论，这就是作为方法的历史唯物主义——历史辩证法。

作为科学的、革命的方法论的马克思主义哲学，是历史主义方法和辩证方法的内在统一。历史唯物主义范畴中的"历史"并不是通常所理解的时空范畴的社会历史，而是把事物当作"过程"而不是当作"实体"来理解的辩证思维方法。《德意志意识形态》中有一段十分著名的话："我们仅仅知道一门唯一的科学，即历史科学。历史可以从两方面来考察，可以把它划分为自然史和人类史。但这两方面是不可分割的；只要有人存在，自然史和人类史就彼此相互制约。"② 这里的"历史科

① 《马克思恩格斯选集》第1卷，人民出版社1995年版，第57页。
② 《马克思恩格斯选集》第1卷，人民出版社1995年版，第66页。

学”就是指把事物当作过程来研究和理解的方法。辩证法的基本观点也是要把研究对象放在历史过程中，从其产生发展的具体过程中来加以研究，正如马克思所指出的：“辩证法，在其合理形态上，引起资产阶级及其夸夸其谈的代言人的恼怒和恐怖，因为辩证法在对现存事物的肯定的理解中同时包含对现存事物的否定的理解，即对现存事物的必然灭亡的理解；辩证法对每一种既成的形式都是从不断的运动中，因而也是从它的暂时性方面去理解；辩证法不崇拜任何东西，按其本质来说，它是批判和革命的。”① 因此，从“过程”的角度看，辩证的观点同时就是历史的观点，反之亦然。当我们把“历史”当成一种方法理解时，“历史”和“辩证”也就达到了内在的统一。

因而，马克思主义哲学革命的实质与核心不在于它用一种新的哲学理念与理论体系来取代理性形而上学的体系哲学，而在于它走出了纯粹哲学思维而使哲学变成了研究现实与历史问题的科学方法论。这是从体系哲学到科学的、革命的方法论的伟大变革。

马克思实现的哲学革命的方法论实质正如他自己所说的那样：“在思辨终止的地方，在现实生活面前，正是描述人们实践活动和实际发展的真正的实证科学开始的地方。关于意识的空话将终止，它们一定会被真正的知识所代替。对现实的描述会使独立的哲学失去生存环境，能够取而代之的充其量不过是从对人类历史发展的考察中抽象出来的最一般的结果的概括。这些抽象本身离开了现实的历史就没有任何价值。它们只能对

① 《马克思恩格斯选集》第2卷，人民出版社1995年版，第112页。

整理历史资料提供某些方便，指出历史资料的各个层次的顺序。但是这些抽象与哲学不同，它们绝不提供可以适用于各个历史时代的药方或公式。”① 在这里，马克思指出了他所创立的新哲学与体系哲学的异质之处就在于后者“提供可以使用于各个历史时代的药方或公式”，这种脱离了具体的历史社会环境，企图一劳永逸地解决全部社会历史问题的包罗万象的体系被马克思所摒弃，它所能提供的只是方法，只是工作的指南。

马克思哲学变革的深层原因也即马克思超越近代理性形而上学的体系哲学的关键在于：他从现实社会生活的内部重新给哲学提供了一种新的生成机制。从根本上说，实现这一变革的马克思的哲学并不是支撑他思考人、自由等抽象话题时的哲学思想，而是支撑他思考以现实经济问题为核心的社会生活问题的哲学思想，所以对于从体系哲学到科学的、革命的方法论的变革应该从马克思经济学研究的深层语境中去探索。

作为一种科学的、革命的方法论——历史辩证法，主要是指一种科学的历史主义地看待事物和问题的方法，这里不得不提到马克思在《致安年柯夫的信》中那段十分精彩的话：“在人们的生产力发展的一定状况下，就会有一定的交换和消费形式。在生产、交换和消费发展的一定阶段上，就会有相应的社会制度、相应的家庭、等级或阶级组织，一句话，就会有相应的市民社会。有一定的市民社会，就会有不过是市民社会的正式表现的相应的政治国家。”这段话接连使用 8 个“一定的”，充分说明了马克思主义哲学的基本功能就在于从现实的历史的

① 《马克思恩格斯选集》第 1 卷，人民出版社 1995 年版，第 73—74 页。

具体的（也就是马克思所说的“一定的”）社会规定出发，深刻认识和把握现存社会秩序的本质和真正趋势，作为改变现实的指南。恩格斯说：“我们的历史观首先是进行研究工作的指南，并不是按照黑格尔学派的方式构造体系的诀窍。”“如果不把唯物主义方法当作研究历史的指南，而把它当作现成的公式，按照它来剪裁各种历史事实，那么它就会转变为自己的对立物。”① 这正是对马克思主义哲学方法论功能的最好说明。

马克思主义哲学的这种方法论特质决定了它从诞生的那一刻起就开始为无产阶级的解放运动服务，始终作为科学社会主义和国际共产主义运动的理论基石而存在。这也是马克思主义哲学作为科学的、革命的方法论的内在必然要求。试想那种绝对真理式的理性形而上学的体系哲学在面对现实的复杂状况时，它又有何为？“马克思主义的诞生地和落脚点不是在书斋里，也不是在讲台上，而是在各民族各阶层人民生活于其中的现实世界里。它的真理性、现实性和力量表现在它是否有能力以及在多大程度上敢于和改变这个世界的实际进程。脱离现实历史进程的理论，在各种自发的社会力量面前束手无策、随波逐流的理论，不管怎样高深莫测和自我标榜，它们的真正价值都是大可质疑的。”②

三、苏联旧的教科书体系没有反映出马克思哲学革命的实质

20 世纪 30 年代，在斯大林的授意和指导之下，苏联的马

① 《马克思恩格斯选集》第 4 卷，人民出版社 1995 年版，第 532、692、688 页。

② 孙伯鍨、张一兵：《走进马克思》，江苏人民出版社 2001 年版，序言第 2 页。

克思主义学者编写了马克思主义哲学的教科书，即《辩证唯物主义和历史唯物主义》，一般称为旧的教科书体系。从此，苏联模式的马克思主义哲学教科书所表述的马克思主义哲学便成为各个社会主义国家的主流意识形态，我国的教科书体系也大受其影响。由于斯大林没有正确处理好坚持马克思主义与发展马克思主义的关系，苏联模式的教科书体系被绝对真理化、教条化和神圣化了。

从深层次来看，旧的教科书体系依然是前文所说到的欧洲传统的体系化哲学的翻版，依然停留在“解释世界”的层面，依然是从自然到历史再到人的思维的无所不包的庞大体系，所以这种教科书体系与马克思哲学革命所实现的科学的、革命的方法论特质无疑是异质的。从根本上讲，旧的教科书体系实质上是“无根的”和“僭越的”，它被一种同质性的逻辑所统摄，它假设马克思、恩格斯文本的每一句话都具有同样的言说背景和言说意义，凡是马克思、恩格斯所说的东西一定是真理。然而，如果真的是这样，那么马克思、恩格斯在《德意志意识形态》中所说的“把我们以前的信仰清算一下”岂不是陷入了二律背反的悖论之中？马克思要是能看到旧的教科书体系这样来讲他的学说和理论，他一定会向全世界宣告“我不是一个马克思主义者”的！

马克思终究是人不是神。前文就叙述过马克思在实现他的哲学革命即创立历史唯物主义的科学、革命的方法论的过程中就有过两次思想的剧烈转变。这里还有一条线索可以证明马克思思想是一个异质性的过程。在马克思《1844 年经济学哲学手稿》中“存在着两种截然相反的逻辑：以抽象的人的本质为出发点的思辨逻辑和以现实的经济事实为出发点的科学逻辑”。《1844年经济学哲学手稿》是一个极其复杂的多重逻辑线索构成的矛盾思想体，因为两种完全异质的理论逻辑和话语并行在马克思的同一文本中：一是以异化劳动理论为中轴的人本主义哲学逻辑。二是从经济现实出发的客观线索。二者在同一文本中无意识地交织着，呈现了一种奇特的复调语境。而历史唯物主义的线索也正是在这种复调语境之中逐渐占据上风，并最终在《德意志意识形态》中得以确立。

但是，马克思、恩格斯哲学思想发展过程中呈现出的这种极其重要的复调语境的内在逻辑演变在旧的教科书体系中却毫无反映，其实，这种深层思想探索所产生的不自觉的复调式语境是无法在其中反映出来的。在实质上依然是体系哲学的教科书只是为了迎合体系的需要而去随意拼凑马克思、恩格斯不同时期的一些哲学论断，断章取义地在《马克思恩格斯全集》中任意摘取自己所需要的语句。这种同质性的逻辑只能使得旧的教科书体系只关注马克思、恩格斯哲学发展过程中的一些表层现象，但无法真实而深刻地反映出马克思、恩格斯思想进程中所发生的内在逻辑的变换，最终得到的是种种错误的结论。

其中，最严重的问题无疑是生硬地把马克思主义哲学理解为辩证唯物主义和历史唯物主义两大块，完全忽视了马克思主义哲学的实质——作为方法的历史唯物主义即历史辩证法。历史唯物主义不是旧的教科书体系所描述的那样，是辩证唯物主义的原则在社会历史领域的推广和应用。“历史唯物主义可以从两个方面来理解：一个方面是指对社会历史的认识及其理论；但更重要的一个方面是指历史主义的研究方法，运用这种方法来研究问题，是更宽泛意义上的历史唯物主义。所以说，马克思主义哲学主要的是方法，方法统帅体系。”①

《德意志意识形态》的开头区分了“哲学体系”和“体系哲学”这两个概念，其用意就在于说明马克思主义哲学的特质决定了它是反“体系哲学”的，但是作为一门严格的世界观和方法论的科学，马克思主义哲学本身在传播和发展过程中需要有系统的逻辑体系（但绝非绝对真理式的体系哲学），否则理论就必然是凌乱地、随意地拼凑。和其他一切哲学一样，马克思主义哲学中也有大量的范畴，并且有些范畴的含义在不同的文本中呈现出完全不同的含义（如《1844 年经济学哲学手稿》中“异化”概念和后来成熟的《德意志意识形态》中的“异化”概念是完全不同的，与“异化”相类似的概念还有“共产主义”“实践”等）。这就决定了马克思主义哲学的范畴有其逻辑的顺序性和层次性，即要求马克思主义哲学也要有逻辑体系。“马克思主义哲学不是作为独立的体系哲学而显示其思想和文化价值的，作为一种科学的世界观和方法论，它当然有其理论和逻辑体系，但这种体系不同于任何体系哲学。”② 这一逻辑体系必须阐明马克思主义哲学的基本理论和基本方法。所谓基本理论是指马克思主义哲学的世界观和历史观；所谓基本方法是指马克思主义哲学的思维路线和认识方法，贯穿其中的根本原则是辩证的、历史的唯物主义。

① 参见孙伯鍨：《作为方法的历史唯物主义》，转引自叶汝贤、李惠斌主编：《马克思主义唯物史观的当代阐释》，社会科学文献出版社 2006 年版，第 15—24 页。

② 孙伯鍨：《存在范畴与马克思主义哲学的本体论问题》，《南京大学学报（哲学、人文科学、社会科学版）》2002 年第 3 期。

围绕马克思主义哲学是科学的、革命的方法论这一问题，还需要澄清的是关于对“回到马克思”这一口号的理解。“回到马克思”正是对苏联解读马克思模式所形成的旧教科书体系的无根性而言的。今天学术界提出“回到马克思”，绝对不是要寻找和凝固化一种原教旨主义式的本真教义，而是要回到马克思思想的真实语境中，寻找通向革命性结果的具体道路，这是活的马克思主义与活的方法。从中可以明显看出，“回到马克思”并不是某些人所轻言的“原教旨主义的马克思主义”，只是说在讨论马克思时，有没有超脱他的本身意义。我们“回到”并且“只能回到”的是马克思所创立的科学的、革命的方法论——历史辩证法。“回到马克思”反对的正是那些不经过对马克思哲学变革的实质进行历史地廓清的条件下就独立地构造出一个个新的体系哲学的做法。“回到马克思”在其本真含义的层面上与马克思当年创立科学的、革命的方法论的理论指向是一致的，即二者都强调方法始终是核心，是“活的灵魂”。

四、马克思主义哲学是以科学的方法论而彰显其当代意义

马克思主义哲学的现实出场路径就是它“向何处去”的问题。前面已经详细地阐述了马克思主义哲学不是封闭的体系哲学，而是开放的科学、革命的方法论。马克思主义哲学革命的实质就在于它是以科学的、革命的方法论冲破了体系哲学的牢笼，其宗旨是以开放的历史的理论视野为无产阶级的解放之路——科学社会主义和国际共产主义运动提供科学的革命的方法论指导。马克思主义哲学的这种原初出场路径决定了它的现

实出场路径必然是以科学的、革命的方法论为指导，并以此来探索人类的解放之路。

正因为这种科学的革命的方法论是从现实的历史的具体的社会规定出发，始终站在现实历史基础上的历史辩证法，所以内在要求马克思主义哲学不能停留在马克思、恩格斯已经做出的具体结论上，这些结论随着历史环境的推移有的已经不再有效，但是如果据此认为马克思主义哲学不再是我们工作的指南，已经丧失了其原来的功能了，那么这样的言论势必在理论和实践上产生双重的巨大危害。

在新的历史条件下如何坚持、运用和发展马克思主义？对这个问题的回答使马克思的当代性这一重要问题摆在了人们面前。有学者认为应当“重新理解马克思”，“马克思是我们的同时代人”，并提出了马克思主义哲学的“存在论转向”，从海德格尔出发来解读马克思主义哲学的当代性。这种“存在论转向”的最大问题无疑是用现当代西方哲学的流行观念来反注和注释马克思主义哲学，试图将当代的马克思主义哲学融入当代西方哲学之中，将两类异质性的哲学简单拼凑，这严重破坏了马克思主义哲学的党性原则和基本立场。

正确地对待马克思主义哲学当代性的立场应该是继承和发扬其中的科学、革命的方法论作用。虽然马克思、恩格斯去世已经100多年了，当今，世界的政治、经济、科技和文化发生了巨大的变化，出现了马克思和恩格斯所处时代所不曾有过的大量新情况和新问题，但作为方法，马克思主义哲学绝没有被超越。因为：“其一，只要方法是从现实历史发展过程中科学地抽象出来的，因而相对于一定的历史阶段是正确的，那么它在这个一定的时空条件中就是不可被超越的。马克思主义哲学是资本主义这个特定历史阶段的产物，只要资本主义还没有退出历史舞台，它所具有的方法论意义就不会过时。”“其二，马克思主义哲学不同于旧哲学，它不是包治百病的药方，也不是包罗万象的百科全书，它提供的是一种研究社会历史的大思路，即生产方式的发展和社会发展的相关性问题。”① 所以，谁要声称掌握了马克思主义哲学，那就一定要把握作为“活的灵魂”的方法，只有把方法与当下的现实相结合，才能实现马克思主义哲学的当代性，才能真正实现马克思主义哲学的创新和发展。而如果依然一味地停留在建构马克思主义哲学体系的层面，那么必然对发展马克思主义哲学无太大的突破性进展，而且遮蔽了其科学、革命的方法论作用。

从马克思主义哲学在 20 世纪的发展来看，无论是列宁、毛泽东同志还是邓小平同志，没有任何一个人为我们建构一个绝对完整的真理式的体系哲学，相反，他们都深刻地把握住了马克思主义哲学的实质和核心——科学的、革命的方法论，也即历史辩证法，并在实践中创新和发展了马克思主义哲学。

列宁曾经深刻地指出，马克思主义的理论并不是一种必须普遍遵守的历史哲学公式，并不是离开具体社会经济形式的抽象教条，所以“马克思主义者从马克思的理论中，无疑地只是借用了宝贵的方法，没有这种方法，就不能阐明社会关系，所以他们在评判自己对社会关系的估计时，完全不是以抽象公式

---

① 参见孙伯鍨：《作为方法的历史唯物主义》，转引自叶汝贤、李惠斌主编：《马克思主义唯物史观的当代阐释》，社会科学文献出版社 2006 年版，第 15—24 页。

之类的胡说为标准，而是以这种估计是否正确和是否同现实相符合为标准的”。从这段话中可以看出，列宁无疑深刻地把握住了马克思主义哲学的本质和方法，突出了马克思主义哲学中的方法论原则。正是如此，列宁十分反对把马克思主义教条化，致力于把马克思主义哲学的方法论与俄国革命的实际相结合。此外，列宁还就各个国家如何在坚持科学的、革命的方法论的同时发展马克思主义强调指出：“我们决不把马克思的理论看作某种一成不变的和神圣不可侵犯的东西；恰恰相反，我们深信：它只是给一种科学奠定了基础，社会党人如果不愿落后于实际生活，就**应当**在各方面把这门科学推向前进。我们认为，对于俄国社会党人来说，尤其需要**独立地**探讨马克思的理论，因为它所提供的只是总的**指导**原理，而这些原理的应用**具体地说**，在英国不同于法国，在法国不同于德国，在德国不同于俄国。”① 正是因为列宁正确而深刻地将科学的、革命的方法论与俄国的实际相结合，从而通过这一契合点推进自己哲学思想的发展，最终创造性地发展了马克思主义并最终成为“帝国主义时代的马克思主义”——列宁主义。

毛泽东同志也没有在马克思主义之外妄图建立一个无所不包的庞大体系，而是始终紧紧把握住马克思主义哲学的方法论功能，结合中国国情进行理论的发展和创新。早在革命战争时期，毛泽东同志就通过对当时中国政治、经济发展不平衡这个最大特点的准确洞悉，阐明了中国革命发展的特殊道路——农村包围城市并最终夺取城市这样一条不同于俄国在大城市武装

① 《列宁选集》第1卷，人民出版社1995年版，第60、274—275页。

起义的道路，这是马克思主义中国化取得的第一次巨大成功。从内在的理论逻辑分析上看，毛泽东同志正是把握了历史辩证法中最重要的方法论原则，即从现实的历史的具体的社会规定出发，深刻把握现存社会秩序的本质和真正趋势，作为改变现实世界的指南。他说："我们如果仅仅读了他们（指马克思、恩格斯、列宁等人——笔者注）的著作，但是没有进一步地根据他们的理论来研究中国的历史实际和革命实际，没有企图在理论上来思考中国的革命实践，我们就不能妄称为马克思主义的理论家。"① 正是这种对方法的把握并将其与实践进行具体而深入的结合，终于使中国的新民主主义道路取得了成功，更重要的在于形成了马克思主义中国化的第一大理论成果——毛泽东思想。

同样，邓小平理论之所以在中国社会主义现代化建设的实践中发挥了巨大的指导作用，从根本上说，也在于它把马克思主义哲学的科学方法论原则与实践有机地、灵活地、创造性地结合起来。邓小平同志深刻地指出："研究和解决任何问题都离不开一定的历史条件。"② 这正是历史辩证法的精髓所在。而当他说"马克思主义理论从来不是教条，而是行动的指南。它要求人们根据它的基本原则和基本方法，不断结合变化着的实际，探索解决新问题的答案，从而也发展马克思主义理论本身"③ 时，他又以自己的话语揭示了马克思主义哲学科学的、革命的方法论原则。

---

① 《毛泽东选集》第 3 卷，人民出版社 1991 年版，第 814 页。
② 《邓小平文选》第 2 卷，人民出版社 1994 年版，第 119 页。
③ 《邓小平文选》第 3 卷，人民出版社 1993 年版，第 146 页。

邓小平同志曾反复说过，实事求是是马克思主义哲学、毛泽东哲学思想的“精髓”和“灵魂”所在，而实事求是难道不就是历史辩证法要求的从显示的、历史的、具体的当下出发这一原则的中国式表述吗？并且，邓小平同志在坚持马克思主义哲学科学方法论的同时，还不断创新和发展马克思主义。他说：“真正的马克思列宁主义者必须根据现在的情况，认识、继承和发展马克思列宁主义。”“不以新的思想、观点去继承、发展马克思主义，不是真正的马克思主义者。”[①] 邓小平同志在运用历史辩证法不断研究新情况和新问题的过程中，逐渐形成了一套关于中国特色社会主义理论的科学理论——邓小平理论，成为马克思主义中国化的第二次重大理论成果。

进入全面建成小康社会关键性阶段的中国，在实现“两个一百年”奋斗目标的征程上，马克思主义在今天以何种姿态投入其中？这是关系到中国社会主义道路性质的重大理论问题。在改革开放深入发展的今天，马克思主义哲学中活生生的内容必须要解放出来。坚持和发展马克思主义哲学，就是要根据现实需要把马克思主义哲学的科学方法论的实质揭示出来并结合当下中国的具体国情，创造性地加以应用和发展。当然，坚持方法运演的探索不是对方法的崇拜，而是对方法本身的检验。正是在寻找马克思学说与当代的联结点的过程中，方法的意义得以实现并得到了提升。简而言之，在当前讨论马克思主义哲学的出场路径时首先需要做的一件事情就是运用历史唯物主义的方法来研究一下中国的当代性的内涵到底是什么。

---

① 《邓小平文选》第 3 卷，人民出版社 1993 年版，第 291、292 页。

而如果像某些学者那样，致力于将马克思主义哲学建构成一个思辨而抽象的体系哲学，用现代西方哲学的一些流行的词句来装饰和包装马克思主义哲学，这样的马克思主义哲学就又回到了马克思哲学革命所指的对象——理性形而上学的体系哲学中去，并且增加马克思主义哲学的隐喻性和烦琐性，带有浓厚的经院哲学气息而毫无一丝的生命活力。这些学者们不知道他们的“思”也是深深根植于当代中国的现实的啊！如果马克思主义哲学是以这样的方式“出场”的，那么对于把握马克思主义哲学的实质并进而运用其科学、革命的方法论解决现实问题将产生巨大的理论危害。

对马克思主义哲学究竟是体系还是方法的讨论，实际上还是一个对马克思主义哲学的特质和核心究竟是什么的问题，是实践本体论或实践哲学？是存在论转向，是人道主义，还是什么其他的形态？最好的方法还是让马克思自己来回答，回到马克思的文本中去找答案。通过对马克思主义哲学史特别是历史唯物主义形成史的梳理，最终得出马克思主义哲学是作为一种科学的、革命的方法论——历史辩证法而原初出场，也就是马克思主义哲学的特质和核心是历史的辩证法。因而，那种要求马克思主义哲学也要像形而上学的体系哲学一样具有“终极关怀”的观点是站不住脚的。

作为科学的、革命的、方法论的马克思主义哲学作为全球社会主义的理论指南，终有一天会实现马克思在《共产党宣言》中呼告的那样：“无产者在这个革命中失去的只是锁链。他们获得的将是整个世界！”

第四章

《德意志意识形态》的当代意义

2011年5月13日，习近平同志在中央党校春季学期第二批入学学员开学典礼上强调："领导干部学习马克思主义经典著作，尤其要注意学习马克思主义哲学。哲学是人类的智慧之学。在马克思主义三个组成部分中，哲学是基础。掌握马克思主义哲学，是掌握马克思主义完整科学体系的重要前提。今天，我们的领导干部要正确判断形势，在错综复杂的形势变化面前保持头脑清醒，坚定理想信念，科学分析我国发展面临的机遇和挑战，全面看待前进道路上的主流和支流、出现的矛盾和问题，都离不开马克思主义哲学的指导，离不开辩证唯物主义和历史唯物主义的思想方法。学好马克思主义哲学，把思想方法搞正确，增强工作中的科学性和全面性，才能不断开创各项工作的新局面。"诚如斯言，马克思主义经典著作，汇聚了马克思主义理论最为深刻的历史经验和最有价值的理论成果，学习经典著作是继承和发展马克思主义理论对现代社会发展最有说服力和影响力的最好课程。学好马克思主义经典著作，可提高整个民族的理论思维水平，提高民族文化素质，在推进中国特色社会主义建设、实现世界和平发展的前景中发挥应有的作用。

《德意志意识形态》就是这样一部闪耀着辩证唯物主义和历史唯物主义新世界观智慧的天才著作，在马克思主义哲学的科学理论体系中占有极其重要的地位。《德意志意识形态》中的很多观点构成了马克思主义理论的本源和基础的重要组成部分。在推进中国特色社会主义伟大事业的历史征程中，读好这部著作，就是要努力掌握贯穿其中的马克思主义立场观点方法，学懂学通马克思主义基本原理。

一、物质生产的首要地位与社会主义市场经济

长期以来，人们往往把唯物史观解读为“生产主义”，把社会主义理解为“组织生产”和“解放劳动”。因此，社会主义代替资本主义的问题就成了用“计划经济”取代“市场经济”，从自发调节到自觉控制的问题。这样的社会主义至多只能达到必然王国中的自由，不可能进入“真正的自由王国”。

马克思主义认为，社会是由个人组成的，社会发展的最终目标也是个人的自由全面发展。可以说，马克思主义哲学是一种最具人道意蕴和人文关怀的学说，它追求的不仅仅是客观的生产力发展，因为如果客观的生产力发展不能带来人文意蕴的实现的话，那么就不能称其为真正的哲学。马克思主义哲学的最终目标无疑是每个人的个性之发展，但人的自由全面发展的实现依赖于能否找到实现这一目的的途径，因此必须把理论重点诉诸于实现这一目标的可能性和实现的方式上。正如马克思所说：“只有在现实的世界中并使用现实的手段才能实现真正

的解放。”①

那么，什么是“现实的手段”？《德意志意识形态》中指出：“‘解放’是一种历史活动，不是思想活动，‘解放’是由历史的关系，是由工业状况、商业状况、农业状况、交往状况促成的。”② 这样，马克思就把无产阶级和人类解放奠基于生产力充分发展的巨大基石之上：“人们每次都不是在他们关于人的理想所规定和所容许的范围之内，而是在现有的生产力所决定和所容许的范围之内取得自由的。但是，作为过去取得的一切自由的基础是有限的生产力。”③

马克思之所以将生产力的发展作为人类解放和自由全面发展的“绝对必需的实际前提”，是因为“如果没有这种发展，那就只会有**贫穷**、极端贫困的普遍化；而在**极端贫困**的情况下，必须重新开始争取必需品的斗争，全部陈腐污浊的东西又要死灰复燃”④。从这里可以看出，人类解放和人的自由全面发展绝不是靠精神超脱或者伦理想象就能实现的，而必须以生产力的巨大发展为前提。中国共产党人对社会主义的艰辛探索过程证明了：凡是重视生产力发展对人的自由全面发展具有决定作用的时期，党的路线方针政策的制定就符合历史发展的进程；凡是背离或者忽视这一观点的，社会主义建设就会遭受挫折。

1956 年之后，毛泽东同志常常过多地强调生产关系的反

① 《马克思恩格斯选集》第 1 卷，人民出版社 1995 年版，第 74 页。
② 《马克思恩格斯选集》第 1 卷，人民出版社 1995 年版，第 74—75 页。
③ 《马克思恩格斯全集》第 3 卷，人民出版社 1960 年版，第 507 页。
④ 《马克思恩格斯选集》第 1 卷，人民出版社 1995 年版，第 86 页。

作用，把生产关系先行然后再大力发展生产力看作是普遍规律，忽视了这种反作用背后所隐含的前提，即生产关系必须适应生产力的发展状况，从而导致了以阶级斗争为动力（“抓革命促生产”，“以阶级斗争为纲”和“无产阶级专政下继续革命的理论”等）的错误路子。最终使得党对社会主义的探索偏离正确方向，导致中国现代化道路中断。

邓小平同志提出了“解放生产力”和“发展生产力”的论述，他深刻地认识到“以物的依赖性为基础”的社会是不可超越的。他从发展物质生产力着眼，提出在现阶段的社会历史进程中，能推动现实生产力迅速发展的只有商品生产。虽然在表面看来，社会主义无法与商品经济统一起来，然而，商品经济却恰恰是中国特色社会主义不可超越的客观经济阶段。“社会主义的本质就是解放生产力，发展生产力，消灭剥削，消除两极分化，最终达到共同富裕。”我们可以通过社会主义的市场经济来有效地发展物质生产力，“为将来的共产主义准备基础”。今日中国特色社会主义的发展，正是为了在一个高度发展的生产力水平基础上为明天人类的真正解放和自由全面发展创造条件。在这样的理论视角下，才能真正明白邓小平同志这句话所蕴含的深意：“社会主义的首要任务是发展生产力，逐步提高人民的物质和文化生活水平。从一九五八年到一九七八年这二十年的经验告诉我们：贫穷不是社会主义，社会主义要消灭贫穷。不发展生产力，不提高人民的生活水平，不能说是符合社会主义要求的。”①

① 《邓小平文选》第3卷，人民出版社1993年版，第116页。

经过几十年的实践检验之后，我们意识到：这种一味改变生产关系，使“先进”的生产关系超越生产力发展水平的做法，不但不能解放和促进生产力的发展，还恰恰相反，对生产力的顺利发展起到了阻碍和破坏作用。我们应当充分认识到：生产关系既不应该落后于生产力的发展水平而存在，也不能超越生产力的发展水平而“先进”。两种情况都会阻碍或破坏生产力的发展。

在当代中国，实现人的自由全面发展的基础依然是现实的物质生产进步，发展仍然是解决我国所有问题的关键。这也是马克思主义哲学的题中应有之义。

改革开放以来，我们虽然取得了举世瞩目的伟大成就，但在新世纪新阶段，我国仍处于并将长期处于社会主义初级阶段的基本国情没有变，我国是世界上最大发展中国家的国际地位没有变。因此，我们必须更加自觉地把推动经济社会发展作为第一要义，全方位推动经济社会又好又快发展。

牢牢扭住经济建设这个中心，坚持聚精会神搞建设，一心一意谋发展。在中国这样一个发展中国家，生产力的发展无疑是实现现代化的第一要务。没有生产力的大力发展，现代化建设只能是镜中花、水中月。正如马克思所说的：“如果没有这种发展，那就只会有贫穷、极端贫困的普遍化；而在极端贫困的情况下，必须重新开始争取必需品的斗争，全部陈腐污浊的东西又要死灰复燃。”可以想见，在贫困普遍化所导致的死灰复燃中，是根本不可能有什么发展可言的。中国还处在传统社会向现代社会转型的阶段，现代化建设是当务之急，这是我们所处的历史方位和所面临的根本任务。毫不含糊地将经济社会发展置放于第一要义的地位，就是从当代中国的现实实践出发，积极推进中国现代化建设的重要标志。

着力把握发展规律、创新发展理念、破解发展难题，深入实施科教兴国战略、人才强国战略、可持续发展战略，加快形成符合科学发展要求的发展方式和体制机制。发展是硬道理，是我们党执政兴国的第一要务，是改革开放近 40 年来得出的一条基本经验。必须看到，虽然我国的经济总量位居世界第二，但人均经济总量水平还很低，还有相当多的人处在贫困线以下；我国是世界制造业大国，但离世界制造业强国还有很长的距离；我国的经济建设创造了世界奇迹，但社会建设、政治建设、文化建设、生态文明建设还有待加强，等等。要解决这些问题，顺利实现“两个一百年”的奋斗目标，就必须更加自觉地推动经济社会发展，毫不动摇。由于中国的现代化起步迟，对“落后就要挨打”有深刻体会，所以也常会提出“赶超战略”，容易急于求成，容易一心只求经济快速增长而不顾其他。经济增长相对于政治文明和精神文明建设而言，在短期内即可见效。历史经验已反复证明，只埋头抓经济，常常适得其反。我们必须坚持以经济建设为中心，一点儿也不能动摇；我们又必须反对唯经济主义发展观，一点儿也不能含糊。因此，这就要求我们不断创新发展理念，提升发展境界和发展质量，坚持以科学发展为主题，以加快转变经济发展方式为主线，在科学发展中全面深化经济体制改革、实施创新驱动发展战略、推进经济供给侧结构性改革、推动城乡发展一体化、全面提高开放型经济水平。

二、唯物主义哲学与实事求是、理论联系实际

1941年，毛泽东同志在延安整风运动干部会议上所做的《改造我们的学习》的报告，总结了自建党20年来我党将马克思主义的普遍真理和中国的具体实践相结合所取得的成绩，分析、批评了党内思想作风上的非马克思主义的主观主义、宗派主义的倾向。毛泽东同志认为，与主观主义态度对立的，就是马克思主义的态度。这种态度就是“实事求是”。“‘实事’就是客观存在着的一切事物，‘是’就是客观事物的内部联系，即规律性。‘求’就是我们去研究。”① 而这种“实事求是”的态度，是“一个共产党员起码应该具备的态度”。在此，毛泽东同志借用古语“实事求是”，作为辩证唯物主义和历史唯物主义方法论的精练表述，对其赋予了科学多用解释。“文化大革命”结束后，邓小平同志提出：“实事求是，一切从实际出发，理论联系实际，坚持实践是检验真理的标准，这就是我们党的思想路线。”我们党成立90多年来，领导人民进行革命和建设的正反两方面经验和教训，都反复证明了坚持实事求是的极端重要性。只有实事求是，才能更好地解放思想。不实事求是就不能真正解放思想，因为解放思想的目的不是比谁更有胆量，比谁敢否定传统，比谁更标新立异。实事求是是我们认识新事物、适应新形势、完成新任务的根本思想武器。能否坚持实事求是，关系到改革和建设的成败。因此，凡事都要坚持实事求是的原则，用事实说话，用数据说话。邓小平同志在开创

---

① 《毛泽东选集》第3卷，人民出版社1991年版，第801页。

中国特色社会主义道路的过程中，对实事求是的思想路线进行了新的理论定位，他指出："实事求是，是无产阶级世界观的基础，是马克思主义的思想基础。过去我们搞革命所取得的一切胜利，是靠实事求是；现在我们要实现四个现代化，同样要靠实事求是。"① 2012 年 5 月 16 日，习近平同志在中央党校 2012 年春季学期第二批入学学员开学典礼上着重指出："实事求是作为党的思想路线，它始终是马克思主义中国化理论成果的精髓和灵魂，即是毛泽东思想的精髓和灵魂，是包括邓小平理论、'三个代表'重要思想以及科学发展观在内的中国特色社会主义理论体系的精髓和灵魂。"② 科学发展观的提出，是以科学的理论指导、中外的历史经验和我国的实践发展为基础的。以实事求是的精神状态贯彻和落实科学发展观，就是要在牢牢把握现阶段我国依然处在社会主义初级阶段的最大国情的基础上，进一步总结我国发展实践，借鉴国外发展经验，以适应新的发展要求。

解放思想要求理论联系实际。理论是否联系实际、能否联系实际，不仅是一个哲学认识论问题，而且是一个学风问题，更是一个政治问题，关系我们事业的兴衰成败。理论联系实际是我们党的三大优良作风之一，是我们党一贯倡导和重视的马克思主义学风。当前全党正在大兴学习之风，其关键和目标就在于树立理论与实际相结合的马克思主义学风。所谓学风，不但是学校的学风，而且是全党的学风。学风问题是领导机关、

① 《邓小平文选》第 2 卷，人民出版社 1994 年版，第 143 页。

② 习近平：《坚持实事求是的思想路线》，《学习时报》2012 年 5 月 28 日。

全体干部、全体党员的思想方法问题，是我们对待马克思列宁主义的态度问题，是全党同志的工作态度问题。树立和发扬理论联系实际的学风“是我们对待马克思列宁主义的态度问题”，是“第一个重要的问题”。

从历史上看，我们提出理论联系实际，主要针对的是教条主义、本本主义和思想僵化、迷信盛行。正如毛泽东同志所概括的，主观主义有两种，即教条主义和主观主义，教条主义更为危险。当前，中国正进入改革深水区，依然需要进一步深化解放思想，破除迷信。与此同时，现实中也出现了一些违反“理论联系实际”原则的倾向，值得我们认真加以关注。

完整准确地理解“理论联系实际”包含了两方面的要求。一个方面是强调“理论要联系实际”，拒绝空谈和教条，因为“理论在一个国家的实现程度，决定于理论满足这个国家的需要的程度”，真正具有思想穿透力的理论必然反映实际，切中实际的需要，反之亦然。理论的力量终究是思想的力量，思想的力量不能够直接“改变世界”。但正如马克思所说的“理论一经掌握群众，也会变成物质力量。理论只要说服人，就能掌握群众”，理论也会产生现实影响力。另一个方面是理论与实际相结合也内在包含“实际要联系理论”的要求。面对新形势、新任务，应当及时总结实践经验，找出规律性的特点，使之上升为理论，为进一步工作提供科学的理论指导。马克思的名言“光是思想力求成为现实是不够的，现实本身应当力求趋向思想”正说明了这个道理。脱离理论来谈具体问题、具体经验，是无济于事的，难免沦为另一种形式的空谈。“实际联系理论”与“理论联系实际”尽管侧重点不同，但都是“理论要与实际相结合”这一要求的两个方面。

在实际工作中，违反“理论联系实际”的一些不正确倾向和思潮有所抬头，其根本原因在于忽视了“实际联系理论”这一重要视角。

第一，客观主义。理论联系实际要求主观与客观的有机统一。原来我们多强调要防止主观主义和教条主义，但客观主义在实际工作中的危害同样很大。客观主义原指一种史学认识论，强调历史研究者要保持一种超然物外、不偏不倚、排除自我的客观态度。在历史上，列宁对客观主义进行了批判，他指出在坚持唯物主义的前提下，还需要强调主观条件对客观前提具有能动作用这个辩证法的侧面。而客观主义恰恰与此相反，不能正确认识这种能动的反作用，不能理解社会过程中主体因素的积极性。因而，在实际工作中，就表现为随遇而安，以一种被动的精神状态对待生活，以一种冷淡的职业心境从事工作。

社会历史的发展受内在的客观规律支配，人们必须认识和遵循规律。当然，对客观规律的强调并不意味着否定人的主体能动性作用，因为客观的规律终究是通过人的行为和活动表现出来。因此，在实践中，就要把握好遵循客观规律与发挥人的主体性之间的关系。必须既强调遵循客观规律，按客观规律办事；同时又重视发挥人的主体性，创造性地开展工作。只有辩证处理好发挥主观能动性与尊重客观规律性的关系，实现二者有机结合，才能在实际工作中避免落入客观主义的窠臼。

第二，经验主义。经验主义否认理论对实践的指导作用，轻视、鄙薄理论的作用。一些同志认为，具体落实工作的，只要有实际经验就行了。“讲理论是耍嘴皮子，做好工作还得靠实干。”在决策上吃老本，按照老经验、老办法决策行事，不结合时代的变迁进行卓有成效的创新。我们重视经验，但绝不局限于经验，更不迷信和受制于经验。经验主义所崇奉的经验是局部的、狭隘的，往往导致片面化，毛泽东同志曾指出：“只有了解大局的人才能合理而恰当的安置小东西，即使当个排长也应该有全局的图画，也才有大的发展。”经验主义信奉“土教条”，因而沦为另一种形式的教条主义。经验若不以正确的理论为指南，就会变成盲目的经验。这也是我们一直以来既反教条主义又反经验主义、既反洋教条又反土教条的原因所在。要防止将本地区本部门一时的、局部的、片面经验夸大为普适性的“规律”，照抄照搬，缺乏与时俱进的眼光和思维，这种“土教条”直接妨碍着事业的进步。毛泽东同志就曾指出：“有书本知识的人向实际方面发展，然后才可以不停止书本上，才可以不犯教条主义的错误。有工作经验的人，要向理论方面学习，要认真读书，然后才可以使经验带上条理性、综合性，上升为理论，然后才可以不把局部经验误认为即是普遍真理，才可不犯经验主义的错误。”

第三，事务主义。这种倾向表现为长年累月从事具体事务、重复单一工作，有时甚至沦为缺乏创造性的执行工具，荒于学习，懒于思考，疏于总结。毛泽东同志指出：“庸俗的事务主义家……尊重经验而看轻理论，因而不能通观客观过程的全体，缺乏明确的方针，没有远大的前途，沾沾自喜于一得之功和一孔之见。”邓小平同志指出：“过去所以发生许多毛病，就是因为有些同志不重视学习，陷于事务主义的泥坑，不能经常吸收新的营养。”事务主义容易导致庸俗化，往往与不良作风、文风、会风紧密关联。忙于事务，不注意学习，容易陷入庸俗的事务主义中去。不注意学习，忙于事务，思想就容易庸俗化。如果说要变质，那么思想的庸俗化就是一个危险的起点。工作上的事务主义背后是学习上的实用主义。学习上的实用主义表现为学习马克思主义理论和党的路线、方针政策不是为了掌握思想武器，而是为了满足自己的某种需要，对自己有用的就学，没用的就不学，断章取义，为我所需。还需辨明的是，事务主义往往打着“实事求是”的旗号，但他们理解的“实事求是”其实是“实事求事”。真正的“实事求是”应着眼于“是”，就是找到客观事物的内部联系，即规律性和普遍性。

事务主义、客观主义和经验主义的表现不尽相同，但它们的共同点都表现为忽视、轻视甚至敌视理论，没有做到实际联系理论。在理论阐释层面，这三种倾向多用“认识来源于实践，实践决定认识”来兜售其轻视理论的主张，但是，认识来源于实践，是就认识的来源讲的，不能简单地理解为认识的水平和实践的多少成正比。只有既坚持在理论指导下实践，又坚持用理论总结实践，才是真正的理论联系实际。

要真正做到实际联系理论，首先，应将学习理论看作基本前提。实际联系理论，前提是要有理论可以联系。如果没有掌握科学的理论立场、观点和方法，尽管海阔天空讲实际，也不能算是理论联系实际。陈云同志曾指出：“如果书没有读懂，就不要急于去‘联系实际’，弄得牛头不对马嘴，还不如先把书上的东西读懂。读懂就是消化。掌握了马列主义的原理和思想方法，就会自然地同自己的实践经验结合起来，把具体经验提高到一般理论，再拿这种一般理论去指导实际工作。”其次，要注重对实际问题的理论思考。理论思考所运用的是理论思维。理论思维主要指辩证思维、战略思维、全局思维和创新思维。运用这些思维方式对重大现实问题“加以考察，使之上升到理论的阶段”。最后，在理论思考的基础上推进理论创新。有经验的同志们整理自己的经验，使之带上原则性，避免重复经验主义的错误。马克思主义的认识论认为，从理论到实际，由实际到理论，再由理论到实际，是一个循环反复以至于无穷的过程。“在各方面作出合乎中国需要的理论性的创造，才叫做理论和实际相联系。”只有这样，才能真正做到理论上的成熟是政治上坚定的基础，理论上的与时俱进是行动上锐意进取的前提。

三、“现实的个人”与“以人为本”

科学发展观的核心是以人为本。以人为本体现了唯物史观的基本原理，与《德意志意识形态》中关于“现实的个人”的思想紧密相关。马克思主义哲学的主题是人类解放和人的自由全面发展，以人为本与这一主题是完全吻合的。

以人为本最关键的在于对“人”的理解。总的说来，“以人为本”是与“以物为本”或“以神为本”相对而言的，它体现了人们在实践过程中对自身主体地位、价值和尊严的肯定性认识。在不同的历史时期，对“以人为本”的“人”也有着不同的理解。

中国传统儒学的“民本”思想最为典型。“民本主义”是传统儒学贯穿始终的基本政治伦理准则。“民惟邦本，本固邦宁。”“民为贵，社稷次之，君为轻。”“天之生民，非为君也；天之立君，以为民也。”“君者，舟也；庶民者，水也。水则载舟，水则覆舟。”从中引出的“德治”“仁政”的政治伦理关怀，对我国传统社会政治产生了深入持久的影响。然而，民本思想中的“民”，是相对于“君”即统治者而言的，其本质是为了维护和巩固封建统治的“驭民”之术，其根本价值立场还是君本位。近代以来西方资产阶级的人本主义离开具体的历史条件和人的社会属性，以抽象的、永恒不变的人性说明历史，在本质上是为资产阶级取得和维护统治地位服务的。

马克思主义的人道主义不是生物学意义上的人的抽象“类”本质的价值悬设，而是“关于现实的人及其历史发展的科学”。它把人的本质理解为一定历史条件下现实社会关系的总和，认为人、人性和人的本质都是由人所从事的社会实践和所处的各种社会关系决定的，并且就表现在社会实践和社会关系之中，因此，对于人的本质、价值、解放等问题，只有从现实的社会关系出发，通过历史的具体的分析，才能得到科学的说明。从这一正确理解出发，人的解放和自由全面发展就成了世界历史性的事业，它不是人的抽象“类”本质的价值悬设和“应当”复归，而必须在相应生产力条件下诉诸“消灭现存状况的现实运动”，通过消灭以私有制为基础的资本主义剥削制度，建立以公有制为基础的“自由人联合体”，使人们在根本利益一致的基础上建立起新型的互助合作关系，真正成为自然、社会和人自身的主人，实现每个人的自由发展与一切人的自由发展的有机统一。

“现实的个人”的解放内在蕴含了人的自由个性的生成和

发展。在历史发展的过程中，分工对生产力的发展和人的发展都起到了积极的促进作用。但也要看到，在资本主义社会，由于不合理分工的存在，人的个性受到压抑，对人来说，“只要分工还不是出于自愿，而是自然形成的，那么人本身的活动对人来说就成为一种异己的、同他对立的力量，这种力量压迫着人，而不是人驾驭着这种力量”①。

在资本主义条件下，人的自由个性的发展最主要的是因为：“在现代，物的关系对个人的统治、偶然性对个性的压抑，已具有最尖锐最普遍的形式。”因而，无产阶级和人类解放的目标就是“确立个人对偶然性和关系的统治，以之代替关系和偶然性对个人的统治”②。

马克思和恩格斯认为，“社会活动的这种固定化”是导致人的自由个性被压抑的主要原因，个人被分工限制在狭小的活动范围之内，分工成为人的个性发展的桎梏。而在共产主义社会，个人突破了分工的限制，社会活动越出了固定化的牢笼，获得了全面的社会关系，从而使得人的个性解放的自由全面发展成为可能。正如马克思所说的：“在共产主义社会里，任何人都没有特殊的活动范围，而是都可以在任何部门内发展，社会调节着整个生产，因而使我有可能随自己的兴趣今天干这事，明天干那事，上午打猎，下午捕鱼，傍晚从事畜牧，晚饭后从事批判，这样就不会使我老是一个猎人、渔夫、牧人或批判者。”③ 从这段话中可以看出，在共产主义社会中，人类解放

---

① 《马克思恩格斯选集》第1卷，人民出版社1995年版，第85页。

② 《马克思恩格斯全集》第3卷，人民出版社1960年版，第515页。

③ 《马克思恩格斯选集》第1卷，人民出版社1995年版，第85页。

内在蕴含着人的全面个性的发展。马克思主义哲学从来没有“敌视人”，恰恰相反，马克思主义哲学的主题就是人类解放和人的自由全面发展。

以人为本的思想与《德意志意识形态》的主题、马克思主义的根本思想一脉相承，标志着党的执政思维的新境界，体现出马克思主义的当代价值。

作为科学发展观核心立场的“以人为本”的“人”，是指人民群众。在当代中国，就是以工人、农民、知识分子等劳动者为主体，包括社会各阶层人民在内的中国最广大人民；以人为本的“本”，就是本源，就是根本，就是出发点、落脚点，就是最广大人民的根本利益。

始终把实现好、维护好、发展好最广大人民根本利益作为党和国家一切工作的出发点和落脚点，尊重人民首创精神，保障人民各项权益。坚持以人为本，体现了马克思主义唯物史观的基本原理，体现了党全心全意为人民服务的根本宗旨，也体现了新时代中国特色社会主义的根本宗旨。坚持人民的主体地位、尊重人民的首创精神，既是党一条非常重要的经验，又是推进我们党理论创新的一条重要机理与方法。党的十八大以来，以习近平同志为核心的党中央提出了一系列关于人民主体地位的重要论断。党的十九大报告进一步强调“必须坚持以人民为中心的发展思想，不断促进人的全面发展、全体人民共同富裕”。这充分证明了我国社会主义现代化建设取得重大成就的根本原因，在于我们党善于汲取群众智慧，发挥人民主体地位，尊重人民首创精神，维护人民根本利益。

不断在实现发展成果由人民共享上取得新成效。要不断实现发展成果由人民共享，就要做到：从人民群众的根本利益出发，谋发展，促发展，不断满足人民群众日益增长的物质文化需要，切实保护人民群众的经济、政治和文化权益。始终坚持尊重人、理解人、关心人，充分尊重群众的主体地位和主动精神，相信群众，依靠群众。解决好人民群众生活中的突出问题和困难，多做得人心、暖人心、稳人心的好事实事，想群众之所想，急群众之所急，满腔热情地为群众服务，保证人民群众共享改革发展的成果。不断改善和提升公众的幸福感是政府的重要使命，大力提升人民幸福感，就要切实转变经济发展方式，让老百姓享受经济发展的成果。改善民生是提升人民幸福感的重要基础。因而，要把保障和改善民生放在更加突出的位置，解决好人民最关心最直接最现实的利益问题，使发展成果更多更公平地惠及全体人民。坚持以群众利益作为决策的依据，在决策的制定和落实的各个环节中反映人民群众的利益和要求，正确处理先富与后富、个人富裕与共同富裕的关系，为群众办实事、办好事。

不断在促进人的全面发展上取得新成效。人的自由全面发展是马克思主义的理论主题。马克思主义认为，社会的发展不是单纯物的堆积，它的最终实现目标和最高价值原则是要实现“建立在个人全面发展和他们共同的社会生产能力成为他们的社会财富这一基础的自由个性”上的社会形态，只有实现了“每个人的自由发展”，才能达到“一切人的自由发展”。相信谁、依靠谁、为了谁，是否始终站在最广大人民的立场上，是区分唯物史观和唯心史观的分水岭。这充分说明，科学发展要在充分利用现代化带来的生产力发展的同时，为个人全面自由发展的未来社会打下坚实的基础。在实践路径上，就是要不断地解放人、开发人、塑造人。所谓解放人，就是要不断破除一切束缚人的聪明才智充分发挥的体制、机制、观念。所谓开发人，就是要不断地开发每个人的聪明才智和创造力，变人口大国为人力资源强国。所谓塑造人，就是坚持以科学的理论武装人，以正确的舆论引导人，以高尚的精神塑造人，以优秀的作品鼓舞人，不断提高全体人民的思想道德素质和科学文化素质，促进人的自由全面发展。

党的十八大以来，习近平总书记在谈到当代中国发展的根本价值导向时，多次强调以人民为中心的发展思想和工作导向，使发展成果更多更公平惠及全体人民，让人民有更多的获得感。以人民为中心的内涵是：把人民当作主体，坚持人民主体地位，依靠人民共创发展成果；把人民当作目的，为了人民，使人们共享发展成果；坚持人民至上，尊重人民，依靠人民共同治理国家和社会。习近平总书记指出：“人民是创造历史的动力，我们共产党人任何时候都不要忘记这个历史唯物主义最基本的道理。”以人民为中心的发展思想鲜明回答了“依靠谁发展、为了谁发展”这一发展中的根本问题、原则问题。相信谁、依靠谁、为了谁，是否始终站在最广大人民的立场上，是区分唯物史观和唯心史观的分水岭，也是判断马克思主义政党的“试金石”。以人民为中心的发展思想确立了人民的历史主体地位，强调人民、只有人民才是创造世界历史的动力，强调人民是推动发展的根本力量。人民是历史的创造者，是物质财富和精神财富的创造者。以人民为中心的发展思想继承和发展了马克思的唯物史观，认为发展的本质是人类通过劳动不断改造自然的过程。物质资本和科学技术确实能够提高劳动效率，但它们都是人类劳动的创造物，不能与人并列。因此，从根本上看，发展源自人类的劳动。劳动不仅包括劳动，还包括管理、创新等复杂劳动。发展最基础、最根本的推动力量来自广大劳动者。

四、世界历史与全球化的发展

马克思的时代，是经济全球化最初兴起的时代。经济全球化的兴起，开辟了世界历史进程；经济全球化的发展，是世界历史进程的基础和最主要的表现。马克思深刻洞察、揭示了这一历史大趋势，以世界历史思想作为指导，以全球化发展的宏大视野，分析考察社会发展，从而使唯物史观更为完善和深化。全面理解马克思的这一重要思想，对于我们今天认识和把握全球化的历史、现实与未来，仍具有重大的理论意义和实践意义。

当代世界最重要的时代特征是全球一体化发展趋势的不断增强。经济全球化趋势深入展开，极其深刻地改变着世界经济与政治格局，在其影响下任何国家和个人都不可能独善其身，如何在全球化进程中恰当定位自己的角色和地位，从而借其力助自身发展是每个国家及其社会都要解决的生死攸关的大问题。理解和认知全球化理论及其争论、认清全球化对国家的正面和负面的双重影响、厘清全球化与政治、民族文化发展的关系，是考察一国社会发展现状与前景的理论与实践基础。

目前，国内外关于全球化问题的讨论，主要围绕以下几个问题来展开：全球化是一种客观事实，还是一种虚构；全球化对发展中国家究竟是利大于弊，还是弊大于利？中国对待全球化的态度应当是积极的还是消极的？全球化的本质是资本主义的还是社会主义的，或者是其他什么性质的？除经济全球化之外，是否还有政治、文化的全球化？全球化究竟是西方化、美国化，还是中国化、现代化？

总体言之，关于经济全球化应当明确以下几点认识：

第一，市场经济关系及其作用不等同于资产阶级生产关系及其作用。全球化最本质、最一般的含义，应是指随着生产力的发展和世界市场的建立，整个世界经济日益紧密地联系在一起，从而导致世界各国和民族之间在经济、政治、文化上的相互往来和相互依赖，最终走向社会主义、共产主义的全球一体化过程。

第二，经济全球化不等同于全球资本主义化，当代经济全球化也不等同于美国化。二战以后，时代主题发生了变化，由战争与革命为主题的时代转变为和平与发展为主题的时代。之所以发生这种转变，是战后全球化趋势迅猛所致。在这一过程中，整个世界日益联结为有机的整体，不仅资本主义国家之间的相互联系更加广泛和密切，而且西方发达国家与发展中国家的各种往来也愈发频繁，若不发展市场经济，参与广泛国际分工，就只能继续贫困，甚至扩大与发达国家的差距。正是对20世纪七八十年代以来全球化的特点和发展趋势的分析，邓小平同志对时代主题进行了重新概括。他在1985年提出："现在世界真正大的问题，带全球性的问题，一个是和平的问题，一个是经济问题或者说是发展问题，和平问题是东西问题，经济问题是南北问题。"后来他又明确提出："当前世界上主要有两个问题，一个是和平问题，一个是发展问题。”

第三，中国发展的重大战略机遇与经济全球化相联系。就生产力角度来讲，全球化既然是经济发展以及由此引起的交往普遍发展的产物，是一个客观的历史进程，那么，我们决不能回避这一大趋势，必须自觉加入这一历史潮流，按照现代化的规律来加速现代化的进程。在一个各国经济联系日趋密切的世界上，根本不能想象孤立于世界之外能得到发展。为此，必须积极参与国际经济合作与竞争，充分利用全球化带来的各种条件和机遇，引进外资和利用国外资源，以弥补国内建设资金和资源的不足；引进先进的技术设备和管理经验，以实现技术和管理上的现代化；发展国际贸易，以拓展国际市场。尤其值得注意的是，加入全球化进程往往是以跨越生产力个别发展阶段为前提条件的。

中国古老的文明在西方资本主义进行工业革命时就开始衰落了。自明代以后，中国又走上了闭关自守。邓小平同志在总结这一段历史时指出：“总结历史经验，中国长期处于停滞和落后状态的一个重要原因是闭关自守。”“建国以后，人家封锁我们，在某种程度上我们也还是闭关自守。经验证明，关起门来搞建设是不成功的，中国的发展离不开世界。”在开放的世界潮流中，中国只有打开国门，主动参与全球化过程，积极扩大同世界的交往，才能得到过去难以得到的先进技术、管理经验、市场、资源和其他有利条件，再加上我们自己的努力，才能加速发展，实现社会主义现代化的目标。

中国特色社会主义是开放的社会主义、和平的社会主义。中国与世界的关系是：在相互比较中取长补短，在求同存异中共同发展。“中国道路”彰显了融入全球化和保持自身特色的重要性。全球化作为一种不可阻挡的发展趋势和历史潮流，为发展中国家的发展提供了前所未有的巨大机遇。但是在全世界趋向同一的过程中，面对西方发达国家在经济、政治和文化上的强势来袭，那些文化底蕴不深厚和经济发展水平不高、政治制度不稳固的国家面临着巨大的风险。但是全球化不是一个可以选择的历史过程，无论是积极主动还是消极被动，无论是发展中国家还是发达国家都要被卷入全球化的发展浪潮之中。全球化本质上是一个充满矛盾的过程，既存在全世界范围内的普遍的一体化趋势，又存在地区性的分裂化的趋势；既是政治经济文化的国际化，又是政治经济文化凸显本土化的过程，是全球化和本土化的统一。在这股强大的浪潮中，谁能够保持自身的独立性，保持和发扬自身的本土优势和民族特色，谁就能掌握全球化进程中的主动权，成为最后的胜利者。因此，要真正实现中华民族的伟大复兴，就既要积极主动参与到全球化的进程中，又要在全球化的过程中有意识地保持我们的民族特色和弘扬我们的民族文化。

党的十八大以来，习近平总书记根据唯物史观的世界历史理论和社会共同体思想，在我们党关于国际关系与世界格局的思想理论的基础上，在研究新情况、解决新问题的过程中推进理论创新，深刻阐发了同心打造人类命运共同体的重要思想。当今，人类社会真正全面进入马克思世界历史理论意义上的世界历史时代，这一时代的核心命题就是构建人类命运共同体。习近平总书记强调：“这个世界，各国相互联系、相互依存的程度空前加深，人类生活在同一个地球村里，生活在历史和现实交汇的同一个时空里，越来越成为你中有我、我中有你的命运共同体。”人类命运共同体思想是马克思主义唯物史观的理论创新和实践创新，对于指导中国特色社会主义的发展具有重大而深远的意义。

五、对社会主义意识形态建设的启示

从总体理论框架的分析中，我们可以从《德意志意识形态》中关于“意识形态”的思想中引申出三个逻辑的结论：一是意识形态是一个复杂的多样性状态的领域；二是在阶级社会，所有意识形态都具有试图将本阶级的特殊利益表达为全社会的普遍利益的“虚假性”，主流社会意识形态更是这样；三是无产阶级也要有自己的意识形态。

在马克思和恩格斯之后，列宁在领导十月革命和致力于建立第一个社会主义国家的过程中，继承和发展了马克思、恩格斯关于意识形态的理论，一方面，继续批判了资产阶级意识形态所具有的狭隘阶级偏见和虚伪性；另一方面，明确提出了无产阶级建立自身意识形态的必要性和重要性。在列宁看来，马克思主义特别是建立在唯物史观和剩余价值学说基础上的科学社会主义，就是无产阶级自己的意识形态或思想体系。

在关于无产阶级意识形态的性质、地位、作用和发展规律等问题上，列宁提出了很多重要的看法，其中比较主要的是：

第一，无产阶级意识形态是一种受历史条件制约、符合客观真理要求的科学理论。

第二，无产阶级意识形态不可能由自发的工人运动产生，而是对人类文明思想成果的自觉继承和总结。

第三，无产阶级意识形态是在与资产阶级意识形态的对立和统一中发展起来的。

列宁去世以后，斯大林领导苏联人民继续列宁开创的事业，对社会主义革命和社会主义建设所面临的一系列重大问题进行了分析、判断和思考，形成了比较系统的观点和看法，在实践中建立起了以高度集权和计划经济为主要特征的“苏联模式”。

与高度集中的经济政治管理体制相适应，苏联在意识形态领域也采用了类似的高度集中的管理体制，建立了行政一体化的模式，实行严格统一的思想意识管理和严密的社会舆论控制，与政治和经济领域全面开展清除资产阶级和资本主义的运动相配合，在意识形态领域中全面开展了对各种资产阶级和小资产阶级思想理论的批判。

“苏联模式”在意识形态方面的问题在于，在意识形态领域开展反对资产阶级思想的斗争无疑也是必要的，但是由于对思想文化采用与政治经济体制类似的高度集中和对外封闭式的管理模式，以教条主义的方式对待斯大林的理论，并将这一理论作为判断意识形态领域是非的标准，否认自由的学术论争的必要性，将学术论争泛政治化，等同于阶级斗争；忽视社会主义社会意识形态领域多样性存在的事实，全面出击，强制性排斥和肃清一切非无产阶级思想，追求纯而又纯的社会主义意识形态等，违背了思想文化发展的规律，导致了苏联党和国家意识形态工作简单化、片面化和僵化，束缚了社会主义意识形态与时俱进的发展，使事物的发展走向了反面。

在建设社会主义意识形态的过程中，我们走过了与经济制度和政治制度建设相同的历程，也是从借鉴“苏联模式”开始的。

1957年2月，毛泽东同志经过调查研究、集思广益，发表了《关于正确处理人民内部矛盾的问题》，代表党中央提出了促进科学和艺术发展的“百花齐放、百家争鸣”方针。“双百”方针中的“百花”和“百家”，应是指参与学术研究和艺术创造的自由，人人皆可，更不用说各家各派。“双百”方针的提出，虽然直接针对的是科学和艺术，但是对于社会主义意识形态建设具有普遍的意义，正如毛泽东同志所说：“‘百花齐放、百家争鸣’这个方针不但是使科学和艺术发展的好办法，而且推而广之，也是我们进行一切工作的好办法。这个办法可以使我们少犯错误。”贯彻“双百方针”，提倡自由探讨，可以活跃思想、解放思想，但并不是不讲是非、不讲原则，在这里，应该坚持为人民服务、为社会主义服务的方向，毛泽东同志当时提出辨别香花和毒草、判断政治生活中言论和是非的六条标准，就是希望将“百花齐放、百家争鸣”与社会主义政治统一起来。半个世纪以来的实践证明：“双百”方针在我国的经济、政治和文化发展中产生了重要的影响和作用。

1957年以后发生的“大跃进”、1966年开始的“文化大革命”，由于背离了实事求是的思想路线，在政治和经济上出现了“左”的错误，使我国的经济体制在片面追求公有制的单一性和高度集中的计划性的过程中出现了僵化，束缚了生产力的发展。与此相适应，意识形态领域片面强调“以阶级斗争为纲”，要求对“资产阶级”实行“全面专政”，混淆了人民内部矛盾和敌我矛盾，在人民群众的思想中，造成了与意识形态的距离感。其结果，不仅没有加强，反而削弱了马克思主义的指导作用和影响力。

继“双百方针”之后，中国共产党对这个重大课题的认识和解决，是从总结“文化大革命”的教训而重新开始的。1978年12月，邓小平同志在为十一届三中全会做准备的中央工作会议上说：“一个党，一个国家，一个民族，如果一切从本本出发，思想僵化，迷信盛行，那它就不能前进，它的生机就停止了，就要亡党亡国。”在这次讲话中，他强调民主是解放思想的重要条件，重申了毛泽东同志1957年提出的关于形成集中与民主、纪律与自由、统一意志与个人心情舒畅相统一的生动活泼政治局面的思想。

以扩大社会主义民主来促进解放思想，以解放思想来推动改革开放，在中国特色社会主义事业的展开过程中，意识形态建设也打开了新的局面。在邓小平理论中，凝聚着中国共产党新的经验，体现着在这方面思想理论上的重大突破和发展：

第一，根据科学社会主义的基本原理，结合新的科技革命和世界经济政治在全球化过程中的变化，结合当代中国的实际和改革开放的进程，反思和总结苏东剧变的教训，反思和总结当代资本主义新的发展态势。不断探索和回答什么是社会主义、怎样建设社会主义，以及与之相联系的什么是资本主义、怎样认识资本主义的新发展，正确理解和把握马克思关于“两个必然”和“两个决不会”的论述，走出了“苏联模式”的束缚，深化了对社会主义和资本主义的认识。从新的时代主题变化的高度，拓展了中国特色社会主义意识形态建设的视野和大局。

第二，深刻总结党的八大以来的历史经验教训，立足于社会主要矛盾的转化，提出了党在社会主义初级阶段“一个中心、两个基本点”的基本路线，强调了发展是决定社会主义前途命运的硬道理。将经济发展和现代化建设融入社会主义政治的内涵，修正了过去将阶级斗争作为政治唯一内容的看法，继承和发展了“双百方针”，从新的政治路线高度，拓展了中国特色社会主义意识形态建设的内容和要求。

第三，依据生产力和生产关系、经济基础和上层建筑之间辩证关系的原理和社会主义的根本目的，提出了经济体制改革和政治体制改革协调、物质文明建设和精神文明建设并进，富强、民主、文明三个目标统一的社会主义现代化建设方向，突破了过去将民主、自由、人权视为资本主义“专利”的观念，制定了小康社会的战略发展规划，从新的历史任务高度，拓展了中国特色社会主义意识形态建设的方向和价值目标。

新世纪伊始，我国进入全面建成小康社会、加快社会主义现代化的新的发展阶段。一方面，国际形势深刻变化，世界多极化和经济全球化的趋势在曲折中发展，科技进步日新月异，综合国力竞争日趋激烈；另一方面，我国仍处于并将长期处于社会主义初级阶段，已经在总体上初步达到的小康水平还很低，人民日益增长的美好生活需要和不平衡不充分的发展之间的矛盾依然是社会的主要矛盾，而随着改革开放的深入和经济文化的发展，各种新的社会阶层已经形成，在社会生活中起着越来越重要的作用。中国共产党经历长期的革命、建设和改革，已经从领导人民为夺取全国政权而奋斗的党，成为领导人民掌握全国政权并长期执政的党，从受到外部封锁和实行计划经济条件下领导国家建设的党，成为对外开放和发展社会主义市场经济条件下领导国家建设的党。

社会主义意识形态建设，从实质上讲，是党的指导思想、理想信念、道德品格、精神风貌通过各种方式和渠道渗透、影响、引导社会心理和社会主义意识形态建设的关键。社会主义意识形态建设对于保持党在新的历史条件下走在时代前列的先进性、扩大党在广大人民群众中的影响力和凝聚力、加强党对包括经济工作在内的一切工作的领导、进一步推进社会主义意识形态建设具有十分重要的意义。

党的十八大以来，中国共产党带领全国各族人民，应对复杂多变的国际环境，承担艰巨繁重的改革发展任务，战胜各种困难，在开创新时代中国特色社会主义事业新局面的过程中开拓了马克思主义中国化新境界，进一步推进了社会主义意识形态建设。

加强新时期意识形态工作，需要认真总结历史的经验教训，正确认识中国社会的发展对于意识形态建设的现实需要。

社会主义核心价值体系和社会主义核心价值观的提出，在今天来说尤其必要。它是中国共产党对于执新新要求的文化自觉而提出的社会“最大公约数”，对于坚持马克思主义在中国意识形态里的指导地位，明确全社会共同遵循的价值追求，自觉站在思想道德高地应对各种意识形态挑战，巩固全党全国人民团结奋斗共同思想基础，集聚起全面建设小康社会的正能量，促进人的自由全面发展，具有重要的现实意义。社会主义核心价值观是我们党对主流意识形态性质和内容认识上的重大发展，体现了社会主义主流意识形态在理论上应该具有的先进性和群众性、理想性和现实性的统一，在实践上所需要的广泛的包容性和强大的凝聚力的统一。这种价值观，代表着全体人民的根本利益，体现着马克思主义和社会主义的精神实质。从历史发展的长河看，中国“特色”中包含着“一般”，包含着普遍的特性。任何事物，从来都是个别与一般的统一、特殊与普遍的统一。中国的社会主义核心价值观，传承了中华民族的优秀文化，禀赋着马克思主义的精神实质，包含着人类社会普遍认同的优秀基因，它是适用于全人类的合理和进步的理念。中国的道路、中国的制度，其实也具有这种特性，也是特殊中蕴含着一般，从而创造了改革开放近 40 年来的中国奇迹。用这种方法论看问题，将进一步增强我们的“价值观自信”。

在当代探讨意识形态问题，还应当对“意识形态终结论”给予关注和回应。作为一种社会政治思潮，从理论层面看，“意识形态终结论”初始于 20 世纪初，第二次世界大战以后逐步系统化，其主要目的在于淡化、消除马克思主义与非马克思主义、社会主义与资本主义的原则界限。意识形态淡化在理论上的主要代表人物有马克斯·韦伯、卡尔·曼海姆、丹尼尔·贝尔和弗兰西斯·福山等。

在西方的思想家中，马克斯·韦伯被认为是较早涉及“意识形态终结论”的思想家。他认为，近代以来，在西方社会的现代化进程中，经历了从强调价值理性以求实现某种最高价值到强调工具理性以求实际目标的革命性转变，这就表明现代社会中意识形态的衰落是现代化的必然后果，各种信仰都无法逃脱工具理性的无情“去魅”。由此可以推断，社会主义、共产主义价值理想在现代社会的衰退是一个必然的趋势。

美国当代最有影响的文论家之一的杰姆逊提出："在过去的时代，人们的思想、哲学观点也许很重要，但在今天的商品消费时代里，只要你需要消费，那么你有什么样的意识形态都无关宏旨了。我们现在已经没有旧式的意识形态，只有商品消费，而商品消费同时就是其自身的意识形态。"这样一种状况也被人称为"意识形态的终结"。其实真正的终结并未发生，而是意识形态的表现方式出现变化，它在生活中的影响因为具体时代的改变而具有了不同状况。

卡尔·曼海姆在《意识形态与乌托邦》一书中，论述了产生意识形态淡化和"意识形态衰落"的原因，指出完整的理论正在被分化为部分的务实的学说。同韦伯一样，曼海姆认为工业化必然导致从价值理性向工具理性的转变。他认为一个社会若能发展到较为优越的工业化结构，从而具有一定的弹性并能在一定程度上使社会底层的人们生活得好一些，那么，因欲望得不到满足而谋求共产主义和社会主义的社会下层阶级的革命冲动便会逐步削弱，而知识阶层也将日益失去其意识形态因素和乌托邦的冲动。这样意识形态就失去了它的"势力范围"和感召力。

丹尼尔·贝尔和弗兰西斯·福山的"意识形态终结论"可以说是淡化意识论的完备形态，在他们那里，"终结"的当然不是资产阶级意识形态，他们认为马克思主义意识形态在与资产阶级意识形态的较量中必然会失败而终结。因此，对马克思主义意识形态的"抱残守缺"是没有意义的。

丹尼尔·贝尔是"意识形态终结论"最主要的代表人物，他是美国当代大名鼎鼎的学者和思想家。贝尔所著的《意识形态的终结》主要有以下基本要点：其一，明确反对 19 世纪的普遍发展理论，尤其是阶级斗争理论，提出了一个新的社会构成要素互动模型。其二，强调美国社会的独特性，尤其是美国社会结构和阶级构成的独特性。其三，表明西方右翼知识分子对 20 世纪的政治运动，尤其是对无产阶级的暴力革命表现出了极度的厌恶和恐惧。其四，贝尔提出了一个代替由“意识形态的终结”所留下的空缺的方案——市民政治学。

贝尔为意识形态的终结或者说耗竭的论辩提出了理论上和经验性两个方面的观点。理论上的观点主要集中于考察马克思主义意识形态，认为马克思主义作为一种信仰体系业已走向瓦解，这是因为它作为一种关于观念的社会决定理论已经失败。贝尔关于“意识形态终结”的论述所产生的影响主要来自他的经验性考察和分析。在贝尔看来，意识形态是一种世俗宗教，是一整套夹带着激情的并谋求变革社会总体生活方式的观念。

意识形态在把思想观念转化为社会手段上发挥着重要功能，而它发挥这种功能的方式主要是借助于激情的灌注，借助于它那种释放人类情感、借助它们的能量导向政治行动的能力，就好比宗教把信徒的情感能量导向仪式活动和艺术表现一样。在一定意义上，意识形态通过强调集体共同事业和胜利的绵延不绝性以对抗和克服个体的必死性，从而一定程度地填补了宗教衰落的真空状态。贝尔又进一步指出，从社会的现实背景看，促使意识形态走向终结的原因来自正反两个方面：一方面，是出现在社会主义世界中的各种阴暗的、灾难性的现象和事件；另一方面，是资本主义世界中所进行的社会经济改革和福利国家的出现。

贝尔认为，从思想上看，导致意识形态乌托邦失去感召力的是一些新的、强调人性的局限、缺陷和脆弱的哲学取代了那种简单化的、理性主义的、强调人的本性的完善性的浪漫哲学。贝尔承认，说意识形态已经耗竭并不是说意识形态已完全丧失了它的政治影响，或完全失去了它的力量之源。但是，在今天这个历史时期中，呈现在人们面前的一个显而易见的事实是：对于那些意识形态的实际承载者而言，旧的意识形态已经失去了它们的“真理性”，进而也就失去了它们的感召力。

“意识形态终结论”具有鲜明的资产阶级性质。从政治倾向上看，它从资产阶级民主、自由、人权等政治价值出发，推出庸俗进化论和社会改良主义，根本上否定共产主义作为社会未来的理想价值和作为现实社会主义制度的实践价值，因而具有鲜明的反共产主义倾向；从哲学倾向上看，它以折中主义、相对主义和多元化为基调，崇拜自发性和多元化，根本否定辩证唯物主义的科学世界观，因而具有明显的唯心主义倾向；从实践上看，它是对社会主义意识形态的瓦解。所以说，所谓“淡化意识形态”，实际上是淡化了马克思主义、社会主义意识形态，强化了资产阶级意识形态，这本身就具有强烈的意识形态性。

“意识形态终结论”的产生主要有三个方面的原因。首先，经济全球化的急速推进为资产阶级意识形态的全球渗透提供了经济前提，一些学者从全球化的经济事实中找到了资本主义优越性的“有力”证据。其次，市场经济的趋利性对人们的价值观产生了一些消极的影响，在社会、政治、文化生活中奉行拜金主义，滋生了享乐主义和极端个人主义，认为意识形态属于

“大道理”，与己无关。再次，社会主义国家在意识形态问题上的失误在客观上损害了社会主义意识形态的声誉。

总之，在当代中国的视野下看待意识形态问题，既不能淡化，也不能泛化。淡化是指贬低具有阶级性的意识形态仍然客观存在及其重要地位和作用，抹杀意识形态领域里斗争的不可避免性，否认马克思主义在社会主义社会意识形态的主导地位。突出观点是“意识形态终结论”＋“历史虚无主义”。泛化则会产生巨大的危害性，容易犯“左”的教条主义错误。意识形态建设需要从理想信念、价值关怀等方面打动人，但也需要从把握社会规律、解决现实问题等方面说服人。理论只要说服人，就能掌握群众；而理论只要彻底，就能说服人。所谓彻底，就是抓住事物的根本。当代中国的意识形态建设必须紧扣时代，直面问题，真正树立问题意识，秉持以问题为导向的原则，而不能停留在抽象空洞的教条上，只有能够解决问题“主义”才具有合理性，才能够说服人，进而民众才能认同它。习近平总书记一贯强调“坚持问题导向”，在意识形态建设问题上，同样如此。我们一定要以我国改革开放和现代化建设的实际问题、以我们正在做的事情为中心，着眼于马克思主义理论的运用，着眼于对实际问题的理论思考，着眼于新的实践和新的发展。